August Weismann

Über die Vererbung

Ein Vortrag

August Weismann

Über die Vererbung
Ein Vortrag

ISBN/EAN: 9783744607070

Hergestellt in Europa, USA, Kanada, Australien, Japan

Cover: Foto ©ninafisch / pixelio.de

Weitere Bücher finden Sie auf **www.hansebooks.com**

Ueber die

Vererbung.

Ein Vortrag

von

Dr. August Weismann,

Professor in Freiburg i. Br.

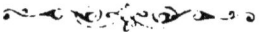

Jena,

Verlag von Gustav Fischer.

1883.

Vorwort.

Der vorliegende Vortrag wurde bei der öffentlichen Feier der Uebergabe des Prorectorates in der Aula der Universität Freiburg am 21. Juni 1883 gehalten und erschien zum ersten Mal im Druck Ende August. Da er indessen in dieser Ausgabe nur in wenigen Exemplaren in den Buchhandel gelangen konnte, so erscheint er hier in zweitem Abdruck, der sich vom ersten durch einige nicht unwesentliche Verbesserungen und Zusätze unterscheidet.

Der Titel bedarf einer Erläuterung. Nicht das ganze Problem der Vererbung soll hier behandelt werden, sondern blos eine bestimmte Seite desselben: die bisher angenommene Vererbung erworbener Eigenschaften. Dabei war es denn freilich nicht zu vermeiden, auf die Grundlage aller Vererbungserscheinungen zurückzugehen und den Stoff zu bestimmen, an welchen dieselben gebunden sein müssen. Meiner Ansicht nach kann dies nur die Substanz der Keimzellen sein, und diese überträgt ihre Vererbungstendenzen von Geschlecht zu Geschlecht zunächst unverändert und unbeeinflusst von den Geschicken ihrer Träger, der Individuen. Wenn diese Anschauungen, wie sie in vorliegen-

der Schrift mehr angedeutet, als ausgeführt sind, zu-
treffen, dann werden auch unsere Vorstellungen über
Artumwandlung einer eingreifenden Umgestaltung bedürfen, denn das ganze von Lamarck aufgestellte und
auch von Darwin angenommene und vielfach benützte
Moment der Umgestaltung durch Uebung kommt dann
in Wegfall.

Es liegt in der Natur der vorliegenden Schrift, die
eben ein Vortrag ist und keine Abhandlung, dass auch
in dieser Richtung nur Andeutungen, nicht aber eine
erschöpfende Darstellung gegeben werden konnte. Ich
habe auch darauf verzichtet, etwa in einem Anhang
weitere Ausführungen zu geben und zwar wesentlich deshalb, weil auch dies eine Umfassung des ganzen grossen
Thema's nicht möglich gemacht hätte, und weil ich ausser-
dem hoffe, an der Hand neuer Versuche und Beobachtungen auf diese Fragen in Zukunft zurückzukommen.

Es war mir sehr erfreulich, inzwischen zu sehen,
dass ein so bedeutender Forscher, wie Pflüger*) von
ganz andrer Seite her zu derselben Ansicht gelangt ist,
welche die Grundlage der hier entwickelten Gedanken
bildet, dass nämlich die Vererbung auf der Continuität der
Keimmoleküle durch die Generationen hindurch beruht.

*) Pflüger, „Ueber den Einfluss der Schwerkraft auf
die Theilung der Zellen und auf die Entwicklung des Embryo." Arch. f. Physiol. Bd. XXXII, p. 68, 1883.

Der Verfasser.

Hochansehnliche Versammlung!

Nach überkommenem Brauch hat der Prorector sein Amt mit einer Rede anzutreten, deren Thema seiner freien Wahl überlassen ist. Ich möchte mir heute erlauben, Ihnen meine Ansichten über ein Problem darzulegen von allgemein biologischer Natur, über das Problem der Vererbung. Von der Vererbung möchte ich reden, diesem Grundpfeiler alles Beharrungsvermögens der organischen Formen, dem unbefangenen Laien so selbstverständlich und keiner besonderen Erklärung bedürftig, der Reflexion so verwirrend durch die unendliche Mannigfaltigkeit ihrer Aeusserungen, und so räthselvoll ihrem eigentlichen Wesen nach. Sagte doch noch kürzlich ein ausgezeichneter Physiologe*): „So viele Hände auch immer geschäftig gewesen sind, die Siegel zu lösen, welche die Theorie der Vererbung unserer Einsicht verschliessen, der Erfolg ihrer Arbeit war ein ge-

---

*) Victor Henson in seiner „Physiologie der Zeugung", Leipzig 1881, p. 216.

1

ringer, und mit einem gewissen Recht sieht man nach-
gerade mit nur wenig Hoffnungen neuen Arbeiten in
dieser Richtung entgegen. Dennoch muss von Zeit zu
Zeit untersucht werden, wie weit man zu kommen vermag."

Gewiss muss dies immer wieder von Neuem versucht
werden, denn wir haben es hier nicht mit Erscheinungen
zu thun, welche ihrer Natur nach dem Menschen uner-
gründlich bleiben müssen, vielmehr ist es nur die grosse
V e r w i c k e l u n g d e r E r s c h e i n u n g e n, welche bisher
nicht überwunden werden konnte, und wir sind auf die-
sem Gebiete sicherlich noch lange nicht an den Grenzen
der möglichen Erfahrung angelangt.

Die Vererbung hat in dieser Hinsicht einige Aehnlichkeit mit gewissen anatomisch-physiologischen Pro-
blemen, z. B. dem vom Bau und der Function des menschlichen Gehirns. Der Bau desselben mit seinen Millionen
Fasern und Nervenzellen ist so ausserordentlich complicirt, dass man verzweifeln möchte, ihn jemals vollständig zu überblicken, obwohl jede einzelne Faser ganz wohl
zur Ansicht gebracht, nicht selten auch in ihrem Zu-
sammenhang mit der nächsten Nervenzelle aufgezeigt
werden kann, obwohl auch die Function — soweit uns
überhaupt eine Einsicht in dieselbe möglich ist — schon
für manche Gruppen von Nervenelementen nachgewiesen
werden konnte. Aber die zahlreichen Verflechtungen von
Zellen und Fasern scheint unentwirrbar, und das Ein-
dringen bis in die Funktion jedes einzelnen Elementes
ausserhalb jeder Möglichkeit. Dennoch hat man jetzt
mit der Entwirrung dieses gordischen Knotens nicht

ohne Erfolg begonnen, und es lässt sich nicht darüber absprechen, wie weit es menschlicher Ausdauer möglich sein wird, in den Gehirnmechanismus einzudringen und aus den unzähligen Einzelheiten ein Gesammtbild und ein allgemeines Princip abzuleiten. Sicherlich wird aber diese Arbeit ganz erheblich gefördert werden, wenn man gleichzeitig bemüht ist, tiefer in den Bau und die Thätigkeit der **niedersten Formen** des Nervensystems einzudringen, wie solche bei Polypen und Quallen, dann bei Würmern und Gliederthieren vorliegen. Ganz ebenso wird man, glaube ich, auch die Hoffnung nicht aufgeben dürfen, zu einer befriedigenden Erkenntniss der **Vererbungsvorgänge** zu gelangen, wenn man nicht nur die bei den höchsten Thieren auftretenden verwickeltsten Formen derselben in's Auge fasst, sondern die niedersten und einfachsten mit in Rechnung zieht.

Was man im Allgemeinen unter **Vererbung** versteht, ist bekannt genug; es ist die Eigenthümlichkeit aller Organismen, ihr eigenes Wesen auf die Nachkommen zu übertragen; aus dem Ei eines Adlers kommt wieder ein Adler und zwar ein Adler derselben Art, und nicht nur der allgemeine Typus, zoologisch gesprochen der Species-Charakter wird auf die folgende Generation übertragen, sondern auch die individuellen Eigenthümlichkeiten; die Kinder gleichen den Aeltern, nicht nur bei den Menschen, sondern auch bei den Thieren, wie wir schon aus Jakobs Züchtungsversuchen mit Labans weissen und gescheckten Lämmern her wissen.

Worauf aber beruht diese allgemeine Eigenthümlichkeit der Organismen?

Häckel wohl zuerst hat die Fortpflanzung ein
Wachsthum über das Mass des Individuums
hinaus genannt, und die Vererbung dann dadurch be-
greiflicher zu machen gesucht, dass er sie als einfache
Fortsetzung des Wachsthums auffasste. Man könnte
dies leicht für ein blosses Spielen mit Worten halten,
allein es enthält mehr, ja richtig gewendet zeigt diese
Auffassung den einzigen Weg, der zum Verständniss
führen kann, wie mir scheint.

Einzellige Organismen, Wurzelfüsser, Infuso-
rien, vermehren sich durch Theilung, sie wachsen heran
bis zu einer gewissen Grösse und spalten sich dann in
zwei Hälften, die sich nicht nur in Grösse, sondern auch
in Beschaffenheit vollständig gleichen, und von deren
keiner man sagen kann, sie sei die jüngere oder ältere.
Solche Organismen besitzen in gewissem Sinn die von
ihren höchstorganisirten Brüdern so sehnsüchtig gewünschte Unsterblichkeit, sie können zwar wohl vernichtet werden, aber wenn sie ein günstiges Geschick
vor gewaltsamem Tode schützt, so leben sie fort und
fort, und müssen nur von Zeit zu Zeit ihre allzusehr
anschwellende Körpermasse durch Zweitheilung auf ein
geringeres Mass herabsetzen. Alle Individuen solcher
einzelligen Arten, welche heute auf der Erde leben, sind
somit weit älter als das Geschlecht der Menschen zu-
sammengenommen, sie sind nahezu so alt, als das Leben
auf der Erde selbst ist.

Bei solchen einzelligen Organismen begreifen wir
also bis zu einem gewissen Grad, warum der Spross
dem Vorfahren ähnlich ist, er ist eben ein Stück

von ihm. Die Frage freilich, warum das Stück dem
Ganzen ähnlich sein muss, führt auf ein neues Problem,
das der Assimilation, welches ebenfalls noch seiner
Lösung harrt. Doch steht wenigstens die Thatsache unzweifelhaft fest, dass die Organismen die Fähigkeit besitzen, gewisse fremde Stoffe, allgemein gesprochen:
Nahrung in sich derart aufzunehmen, dass sie sie in
ihre eigene Leibessubstanz umwandeln.

Die Vererbung beruht bei diesen einzelligen Organismen auf der Continuität des Individuums,
dessen Leibessubstanz sich fort und fort
durch Assimilation vermehrt.

Wie aber steht es mit den vielzelligen Organismen, welche sich nicht durch einfache Theilung
fortpflanzen, bei denen sich nicht die Qualität der ge-
sammten Körpermasse von dem Erzeuger auf den Spross
überträgt?

Bei allen vielzelligen Thieren bildet die sexuelle
Fortpflanzung die Grundlage ihrer Vermehrung, nir-
gends fehlt sie ganz, und bei der Mehrzahl ist sie die
einzige Art der Vermehrung. Hier ist nun die Fortpflanzung an bestimmte Zellen gebunden, die man
als Keimzellen den Zellen, welche den Körper selbst
bilden gegenüber stellen kann und wohl auch muss,
denn sie spielen eine total verschiedene Rolle wie jene.
Sie sind bedeutungslos für das Leben ihres Trägers*),
aber sie allein erhalten die Art, denn eine jede von
ihnen vermag sich unter gewissen Umständen wiederum

---

*) d. h. für die Erhaltung des Lebens.

zu einem vollständigen Organismus zu entwickeln von der gleichen Art, wie der älterliche, mit allen möglichen individuellen Eigenheiten desselben mehr oder minder ausgestattet. Wie geschieht nun hier die Uebertragung der älterlichen Eigenschaften auf die Nachkommen, wie kommt die e i n e Keimzelle dazu, den g a n z e n K ö r p e r mit allen seinen Einzelheiten reproduciren zu können?

Wenn es dabei n u r a u f d i e C o n t i n u i t ä t d e r S u b s t a n z d e r K e i m z e l l e von einer zur andern Generation ankäme, so wäre leicht geholfen, denn diese lässt sich in einzelnen Fällen nachweisen, in allen sehr wahrscheinlich machen. Bei gewissen Insekten beginnt die Entwicklung des Eies zum Embryo — der sog. Furchungsprocess des Eies — damit, dass ein Paar kleine Zellen sich von der Hauptmasse des Eies abschnüren, u n d d i e s e s i n d d i e K e i m z e l l e n, die später in das Innere des sich formenden Thieres aufgenommen zu den Fortpflanzungs-Organen desselben werden; bei gewissen kleinen Krebschen unserer Süsswässer (Daphnoiden) trennen sich die Keimzellen zwar nicht a m B e g i n n d e s Furchungsprocesses, aber s e h r f r ü h e s c h o n w ä h r e n d d e s s e l b e n, wenn das Ei sich noch nicht in mehr als dreissig Zellen zerklüftet hat, und auch hier bilden sie später die Keimstöcke des Thiers. Bei S a g i t t a, einem schwimmenden Wurm des Meeres fällt die Trennung der Keimzellen von den Zellen des Körpers noch später, in d i e Z e i t n a c h V o l l e n d u n g d e r F u r c h u n g, und bei den Wirbelthieren geschieht diese Abspaltung erst, nachdem der Embryo in seiner ganzen Form bereits angelegt ist. Da nun — wie ihre Entwicklung beweist —

ein tiefer Gegensatz besteht zwischen der Substanz oder
dem Plasma der unsterblichen Keimzellen und der
vergänglichen Körperzellen, so werden wir diese Thatsachen nicht anders auslegen können, als dahin, dass
in der Keimzelle beiderlei Plasma-Arten potentia enthalten sind, die sich nun nach dem
Eintritt der embryonalen Entwicklung früher
oder später in Form gesonderter Zellen von
einander trennen.

Für die Vererbungsfrage macht es offenbar keinen
Unterschied, ob diese Trennung früher oder später geschieht, insofern die Constitution der Moleküle des Keim-
Plasma's schon vor Beginn der Entwicklung festgestellt
war. Wie wir allen Plasma-Molekülen die Fähigkeit zu
wachsen d. h. Nahrungsstoffe zu assimiliren und sich
durch Theilung zu vermehren, theoretisch zuerkennen
müssen, wollen wir anders das Wachsthum und die Vermehrung der Zellen begreifen, so werden auch die Moleküle des Keim-Plasma's unter günstigen Ernährungsbe-
dingungen wachsen und sich vermehren können, ohne
dass aber dadurch schon ihr Wesen geändert, ohne dass
also dadurch die Vererbungstendenzen, deren Träger sie
sind, geändert würden. Es wäre desshalb ganz wohl
denkbar, dass die Keimzellen sich noch viel später erst
von den Körperzellen trennten, als in den eben angedeuteten Beispielen und ich glaube in der That Fälle
zu kennen *), in denen diese Trennung nicht nur bis nach

---

*) Vergl.: Weismann, „die Entstehung der Sexual-
zellen bei den Hydromedusen", Jena 1883.

der völligen Ausbildung des dem Keim entstammenden
Thieres verschoben ist, sondern sogar noch einige
ganze Generationen weiter bis in die Knos-
pensprösslinge jenes ersten Individuums. Auch
hier scheint mir kein Grund zu der Annahme vorzuliegen,
dass die Vererbungstendenzen der Keim-Moleküle irgendwie verändert sein sollten durch den langen Aufschub
ihrer Trennung von den somatischen Molekülen, und die
Beobachtung bestätigt diese theoretische Folgerung, denn
aus dem Ei der durch Knospung an einem Polypenstöck-
chen entstandenen Meduse wird zunächst nicht wieder
eine Meduse, sondern ein Polyp. Die Keimplasma-Mole-
küle, welche vom Ei her zunächst in das Polypenstöck-
chen, dann in die Medusenknospe gelangten und dort erst
sich von den Körperzellen sonderten und zu besonderen
Keimzellen differenzirten, besitzen noch immer die Ten-
denz, einen Polypen aus sich zu entwickeln.

So haben wir denn also auch bei der Fortpflanzung
der vielzelligen Wesen im Grunde den gleichen Process,
wie bei der der einzelligen: eine fortgesetzte Theilung der Keimzelle, und der Unterschied liegt nur
darin, dass hier die Keimzelle nicht schon das
ganze Individuum ausmacht, sondern dass
dieselbe umgeben wird von vielen, von Tau-
senden, ja von Millionen und Billionen von
Körper-Zellen, deren Gesammtheit erst die
höhere Einheit des Individuums bildet. So
wird denn das oben aufgestellte Problem: wie kommt es,
dass die eine Keimzelle die Anlage zu dem ganzen, so
complicirt gebauten Individuum in sich enthält, dahin

präcisirt werden müssen: wie kommt es, dass das Plasma der Keimzellen bei den höheren Thieren Körper-Plasma*) potentia enthält, und zwar solches von ganz specifischer Qualität?

Das Problem, welches diese Frage in sich birgt, tritt noch schärfer hervor, wenn man es auf einen der bestimmten vorliegenden Fälle anwendet, nämlich auf die Entstehung der vielzelligen Thiere aus den einzelligen. Dass Letztere aus den ersteren hervorgegangen sind, unterliegt keinem Zweifel, auch lässt sich das physiologische Princip angeben, nach welchem es geschehen ist: das Prinzip der Arbeits- theilung. Im Laufe der phyletischen Entwicklung der Organismenwelt muss zunächst der Fall eingetreten sein, dass mehrere einzellige, durch Theilung auseinander hervorgegangene Individuen sich nicht sofort trennten, sondern gemeinsam weiter lebten, zunächst noch als völlig gleichwerthige Elemente, von denen jedes alle thierischen Functionen, also auch die der Fortpflanzung beibehielt. Solche völlig gleichartige Zellen-Colonien gibt es heute noch, wie die Häckel'sche Flimmerkugel, Magosphaera planula beweist**). In einer solchen Gemein-

_____ ____

*) Oder genauer: solches Plasma, welches sich zu den Körperzellen zu entwickeln fähig ist, denn vor Beginn der Entwicklung muss das Keimplasma gleichartig gedacht werden (siehe unten).

**) Ob man die Flimmerkugel der Magosphaera als den „reifen" Zustand der Art betrachten darf, ist freilich wohl zweifelhaft, aber es steht Nichts der Annahme im

schaft bewirkte dann später Arbeitstheilung eine verschiedene Differenzirung der einzelnen Zellen, z. B. in
der Weise, dass nur bestimmte Zellen noch die Ernährung (im weitesten Sinne) und die Ortsbewegung ver-
mittelten, bestimmte andere Zellen ausschliesslich die
Fortpflanzung. Es entstanden so Colonien, die aus Körperzellen und aus Keimzellen zusammengesetzt
waren und bei denen wohl zuerst die Erscheinung des
individuellen Todes sich einbürgerte, indem die Körperzellen nach gewisser Zeit zu Grunde gingen, während
die Keimzellen allein die von den Protozoen ererbte Unsterblichkeit beibehielten. Wie soll es nun möglich sein,
dass in einer solchen Colonie die eine Zellenart im Stande
ist, durch Theilung immer wieder auch die andere her-
vorzubringen? sie brachte doch vor der Differenzirung
der Colonie immer nur ihres Gleichen hervor, wie soll
sie nun jetzt, nachdem sich das eine ihrer Theilprodukte
in seiner Natur verändert hat, auch in ihrem eignen
Wesen soweit verändert worden sein, dass sie nun ungleichartige Zellen aus sich hervorgehen lässt?

Zunächst bieten sich zwei Annahmen zur Lösung
dieses Räthsels; man könnte zum alten, längst verab-
schiedeten Nisus formativus greifen, oder wie man
es heute passender nennen kann, zu einer phyletischen Entwicklungskraft, welche bewirkt, dass
die Organismen sich von Zeit zu Zeit in bestimmter

Wege, dass Arten gelebt haben, oder noch leben, bei denen
die Flimmerkugel bis zur Encystirung, d. h. Fortpflanzung
ihrer einzelnen Zellen zusammenhält.

Weise umwandeln, zu einer vis a tergo, einer zweck-
thätigen Kraft, welche ohne Beziehung zu den Lebensbedingungen der Organismen diese von Innen heraus zu
immer neuen Umgestaltungen führt. Diese liesse indessen die zahllosen Anpassungen, die wir an jedem
einzelnen Organismus bewundern unerklärt, und könnte
überhaupt nicht als eine wissenschaftliche Erklärung
gelten.

Man könnte dann weiter die Annahme machen, dass
die durch Anpassung an die Lebensbedingungen zu Körperzellen differenzirten zweiten Zellen der Colonie auf
die andern, die Fortpflanzungszellen zurückwirkten, dass
sie Theilchen an sie abgäben, welche ihre Natur soweit
umgestalteten, dass sie bei der folgenden Theilung sich
in die verlangten ungleichen Hälften theilen müssten.

Auf den ersten Blick scheint diese Hypothese an-
nehmbar. Dass Theilchen von den Körperzellen an die
Keimzellen abgegeben werden, ist nicht nur denkbar,
sondern es liegt in der Voraussetzung, welche ja eben
die Ernährung der Keimzellen durch die Körperzellen
setzte. Sieht man aber näher zu, so stösst man doch
auf grosse Schwierigkeiten. Einmal kommt es — wie
oben schon angedeutet wurde — niemals vor, dass bei
der Ernährung die Moleküle einer fremden Individualität
nur einfach den eigenen beigefügt werden*), sie werden
vielmehr — soweit wir wissen — assimilirt, d. h. in die
Moleküle des eigenen Zellkörpers umgewandelt. Aber

---

*) Oder bilden vielleicht die Ei-Nährzellen, wie sie
bei vielen Thieren vorkommen, davon eine Ausnahme?

gesetzt auch, es könnten von den wachsenden Körperzellen eine Anzahl ihrer eigenen Moleküle an die wachsenden Keimzellen abgegeben und in diesen unverändert
deponirt werden, um bei der nächsten Theilung derselben
als Körperzellen der folgenden Generation wieder abge-
trennt zu werden, so ist damit doch nicht viel gewonnen.
Denn wie sollte man sich die Sache denken, wenn die
Colonie complicirter, wenn die Zahl der Körperzellen
eine grössere würde, so dass sie die Keimzellen in mch-
reren, oder in vielen Schichten umgäben, und zugleich
die weiter fortschreitende Arbeitstheilung eine ganze Anzahl verschiedenartiger Zellen und Gewebe hervorbrächte,
die alle aus einer Keimzelle wieder hervorzugehen hätten? Jede von ihnen müsste dann also spezifische Moleküle an die Keimzelle abgeben, dabei wären aber offenbar diejenigen unter ihnen sehr im Vortheil, welche als
unmittelbare Nachbarn an die Keimzelle anstiessen, den
Andern gegenüber, welche sich in grösserer Entfernung
befänden. Wenn nun dennoch eine jede der Letzteren
ebensoviel*) Moleküle jeder der Keimzellen zusenden
sollte, so müssten wir eben von allen bekannten physikalischen und physiologischen Vorstellungen Abstand
nehmen und uns auf Affinitäten jener Moleküle zu den
Keimzellen berufen, von denen wir absolut Nichts wissen,
und deren Entstehung und Regulirung — wenn wir
selbst ihre Existenz zugeben wollten — gerade unter
dieser Voraussetzung, dass die Differenzirung von der

---

*) Genauer: soviele Moleküle, als der Ziffer dieser
Zellenart im fertigen Organismus entspräche.

fertigen Colonie erworben wurde, ganz unverständlich bleibt. Zu ihrem geheimnissvollen Treiben müssten dann noch weitere unbekannte o r d n e n d e Kräfte hinzukommen, welche es mit sich brächten, dass diese in die Keimzelle eingewanderten Moleküle sich nun auch so zueinander ordneten, wie es der Reihenfolge ihrer späteren Lostrennung in Form selbstständiger Zellen entspräche. Kurz wir bewegten uns hier in einem Dickicht unbegründbarer Hypothesen.

Bekanntlich hat D a r w i n zur Erklärung der Vererbungs-Erscheinungen eine Hypothese aufgestellt, die mit der eben besprochenen ungefähr zusammenfällt. Man braucht blos anstatt Moleküle „Keimchen" zu sagen, so hat man den Grundgedanken der D a r w i n 'schen P a n - g e n e s i s. Theilchen von ausserordentlicher Kleinheit sollen von allen Zellen des Körpers zu jeder Zeit abgegeben werden und sich in den Keimzellen sammeln und ordnen, so dass also jede Abänderung, die der Organismus zu irgend einer Zeit seines Lebens eingeht, sich auf den Keim übertragen könnte*). D a r w i n glaubte so vor Allem die Vererbung e r w o r b e n e r Charaktere verständlich machen zu können, deren Annahme er für den Entwicklungsprocess der Arten für geboten hielt; übrigens bezeichnete er seine Hypothese selbst als eine provisorische, als den Ausdruck unseres augenblicklichen, aber keineswegs befriedigenden Wissens von die-

---

*) Siehe: D a r w i n , „Das Variiren der Thiere und Pflanzen im Zustande der Domestication." Zweite deutsche Ausgabe, Stuttgart 1873, Bd. II, p. 405.

sen Vorgängen, nichts weniger, als einen Abschluss desselben.

Es ist immer eine missliche Sache um die Annahme
ganz neuer Kräfte blos zur Erklärung von Erscheinungen,
die sich für's Erste aus den bekannten Kräften nicht
ableiten lassen wollen, und es ist gewiss geboten, den
Versuch zu machen, ob sich nicht doch ein andrer Weg
der Erklärung finden lässt.

Ich glaube, dass dies in der That möglich ist, sobald wir annehmen, dass in wahrem Sinne erworbene Abänderungen bei dem Entwicklungs-
gang der organischen Welt überhaupt nicht
vorkommen, dass vielmehr alle Abänderungen
aus primären Keimes-Abänderungen hervorgehen.

Bei dem vorhin angenommenen Beispiel der Colonie,
deren Zellen sich zu Körper- und Keimzellen differenziren,
ist nämlich offenbar noch eine dritte Annahme möglich;
man kann sich vorstellen, dass die Differenzirung der
Körperzellen nicht erst von ihnen selbst erworben ist,
sondern dass sie vorbereitet wurde durch Veränderungen in der Molekülarstructur der Keimzelle, aus welcher die Colonie hervorging.

Wenn überhaupt die heute herrschende Vorstellung
richtig ist, nach welcher der Wechsel der äusseren Bedingungen (im weitesten Sinn) in Verbindung mit Auslese dauernde Veränderungen an einem Organismus her-
vorrufen kann, dann muss dies ebensowohl für den einzelligen und den mehrzelligen aber noch gleichartig zu-
sammengesetzten, als für den eigentlichen Metazoen-Or-
ganismus gelten. Wenn nun jene hypothetische Colonie

von gleichartigen Zellen aus irgend welchem äussern
Grunde besser gediehe, wenn die in ihrer Keimzelle potentia gegebenen Molekül-Arten sich bei der Entwicklung
der Colonie nicht wie bisher gleichmässig auf alle
Theilhälften vertheilten, sondern ungleich, so würde
dies also auf Grund der stets vorhandenen Variabilität
geschehen können, und das Resultat würde sein, dass
die Zellen der fertigen Colonie ungleich ausfielen, z. B.
also so, wie oben angenommen wurde. Wir hätten dann
also eine ungleichartige Colonie, deren Zellen in statu
nascenti schon ungleich waren, weil die Molekülarordnung
in der Keimzelle sich geändert hat. Es hindert auch
Nichts an der Annahme, dass zugleich die Qualität eines
Theils der Moleküle weiteren Veränderungen unterliege,
denn Moleküle sind zusammengesetzter Natur und können
sich spalten oder combiniren.

Wenn nun aber die Keimzelle sich so verändert hat,
dass sie durch fortgesetzte Theilung eine heterogene Colonie hervorbringen muss, so muss dies auch die folgende
Keimzellen-Generation genau in derselben Weise thun,
da sie ja eben nur Stücke der früheren Keimzelle darstellt und aus demselben Protoplasma, demselben Keimplasma besteht, wie
diese.

Es ist bei dieser Betrachtungsweise ganz gleichgültig, wie man sich die bei der Entwicklung hervor-
tretende Differenzirung der Zellen in der Keimzelle potentia enthalten denkt, ob in einer veränderten Anordnung der Moleküle, oder in einer Veränderung in der
chemischen Zusammensetzung derselben, oder schliesslich

in Beidem, es kommt nur darauf an, dass die Veränderung von vornherein von der Keimzelle ausgegangen ist, ganz so .wie dies heute noch in der Ontogenese ganz allgemein der Fall ist. Niemand zweifelt daran, dass in der Keimzelle feinstem Bau die Ursache liegt, warum dieselbe diese oder jene Form der Furchung durchläuft, zu dieser oder jener Art schliesslich wird, und dass dabei die Verschiedenheit der Moleküle — sei sie nun von Anfang an vorhanden, oder stelle sie sich erst im Laufe der Entwicklung ein*) — und ihre Anordnung

---

*) Ich bin auf die Frage, ob die Plasma-Moleküle der Keimzelle als ursprünglich gleichartig anzunehmen sind, im Text nicht näher eingetreten, weil es mich von meinem eigentlichen Ziel zu weit abgelenkt hätte. Da aber Pflüger inzwischen aus seinen wichtigen Beobachtungen am Batrachier-Ei den Schluss gezogen hat, dass die Eizelle nur eine Art von Molekülen enthalte, so will ich nicht unterlassen zu bemerken, dass ich von meinem Gedankengang aus zu demselben Schluss hingeführt werde. Wenn nämlich die Vererbung auf der Continuität des Keimprotoplasma's beruht, so muss bei der Entwicklung der Keimzelle zum Organismus jedesmal ein Theil des Keimplasma's unverändert übrig bleiben, damit sich aus ihm die Keimzellen des neuen Individuums bilden können. Dieser Rest von Keimplasma kann niemals sehr gross sein und in manchen Fällen, z. B. bei den Hydroiden muss sich derselbe auch noch sehr stark vertheilen, weil er für eine grosse Anzahl von Individuen das Material zur Keimzellenbildung zu liefern hat. Wäre nun das Keimplasma aus verschiedenen

zu bestimmten Gruppen eine Rolle spielt, das lässt sich
ja bei solchen Arten beinahe direct wahrnehmen, deren
erste Furchungskugel schon eine opace und eine lichte
Hälfte aufweist, oder wie bei manchen Medusen eine
feinkörnige Rinde und ein helles Mark, entsprechend
dem Material der späteren Ektoderm- und Entoderm-
Zellen. Was hier als Verschiedenheit hervortritt ist freilich nur das Gröbste von der gewiss sehr complicirten
Molekülarstruktur solcher Zellen, aber es zeigt doch,

Arten von Molekülen zusammengesetzt, so liesse sich nicht
absehen, wie diese Moleküle bei ihrer Zerstreuung durch
eine ganze Kolonie von Individuen genau in derjenigen
Combination beisammen bleiben sollten, wie sie eben das
Keimplasma der betreffenden Art ausmacht. Wir werden
also entweder nur eine einzige Art von Keim-Molekülen
für jede Species annehmen müssen, oder aber Kräfte, die
die verschiednen Arten von Molekülen genau in der verlangten Combination aneinander ketten. Das Letztere heisst
aber genau genommen nichts Anderes, als das Erste, denn
Moleküle sind eben Atomgruppen von mehr oder minder
komplicirter Zusammensetzung, und wir werden uns die
Keim-Moleküle kaum komplicirt genug vorstellen können,
wenn wir bedenken, dass der gesammte Bau des fertigen
Thieres in allen seinen kleinsten Einzelheiten potentia bereits in ihnen gegeben ist. Eine feste Combination von
vielen Molekülen ist eben wieder ein Molekül, ein Molekül
höherer Ordnung, ein sehr complicirtes Molekül. Eine
Verschiedenheit der Plasma-Moleküle der Keimzelle kann
wohl erst mit der Embryonal-Entwicklung eintreten.

2

dass wir uns auf dem rechten Weg befinden, wenn wir
alle im Laufe der Ontogenese eintretenden Differenzi-
rungen von der chemischen und physikalischen Molekülarstruktur der Keimzelle abhängig denken.

In dem vorhin gewählten einfachsten Beispiel gingen
aus der Furchung der Keimzelle nur zweierlei Zellen
hervor: Körperzellen und Keimzellen, und Letztere müssen genau dieselbe Molekülarstruktur besitzen, wie die
Mutter-Keimzelle, und dann auch genau wieder dieselbe
Entwicklung durchmachen, wie jene. Es liegt auf der
Hand, dass man sich nun den Differenzirungs-Process
des vielzelligen Thierleibs auf dieselbe Weise weiter fort-
schreitend denken kann, wie er begonnen hat. Variationen in der Molekülarstruktur der Keimzellen werden bei
jeder Art stets vorkommen und müssen durch Selection
gesteigert und fixirt werden können, wenn ihre Resultate,
d. h. die Abänderung gewisser Körperzellen nützlich sind.
Bedingung der Vererbung der Abänderungen ist nur,
dass stets ein Theil des Keim-Plasma's bei der Furchung
und dem weiteren Aufbau des Körpers unverbraucht
bleibt, d. h. unverändert in den Organismus übergeht
und zu bestimmter Zeit, bald früher, bald später in
Form der Keimzellen sichtbar wird. Nur so, scheint
mir, ist die Vererbbarkeit der in der Stammesgeschichte
eingetretenen Veränderungen der Arten einigermassen,
d. h. im Princip verständlich, nur so können wir die
Möglichkeit einsehen, wie die erstentstandene Art von
Körperzellen schrittweise sich weiter differenzirt hat zu
immer grösseren Massen und immer zahlreicheren Qualitäten von Zellen, denn nur, wenn jede Neuerung von

einer partiellen Molekülar-Aenderung der Keimzelle ausging, kann bei der Fortpflanzung, d. h. bei der Theilung der folgenden Keimzellen - Generation wieder dieselbe Neuerung an den Körperzellen daraus resultirt haben. Jedenfalls ist nicht abzusehen, wie wir die Vererbbarkeit von Neuerungen begreifen könnten, die an den Körperzellen irgendwo proprio motu, oder richtiger: als Reaktion auf eine äussere Einwirkung*) auftreten.

. Die Schwierigkeit, ja Unmöglichkeit irgend eine aus bekannten Kräften abgeleitete Erklärung für die Vererbbarkeit erworbener Charaktere zu geben ist auch schon oft gefühlt worden, hat aber doch noch nicht dazu geführt, entschieden gegen die Richtigkeit der ganzen Annahme Front zu machen.

Ich glaube, dies hat einen doppelten Grund: einmal liegen Beobachtungen vor, welche das Vorkommen einer solchen Vererbungsform thatsächlich zu beweisen scheinen, und dann spielt die Annahme der Vererbung erworbener Eigenschaften eine so bedeutende Rolle

---

*) Dahin sind natürlich auch die Willensimpulse zu rechnen, welche eine bestimmte Zellengruppe des Körpers in häufige Thätigkeit setzen, denn auch sie sind nicht in dem betroffenen Gewebe (Nerven oder Muskeln) selbst gelegen, sondern ausserhalb desselben, sie fliessen nicht direkt aus einer Keimesanlage hervor, sondern aus zufälligen äussern Eindrücken. Wenn eine zahme Ente ihre Beine mehr und anders braucht, als im wilden Zustand, so ist das eben Folge der veränderten Bedingungen, nicht der Keimesanlage.

2 *

in der Erklärung der Artumwandlung, dass
man nicht auf sie verzichten zu können meinte.

Offenbar ist es ja auch vollkommen gerechtfertigt,
unser Urtheil zurückzuhalten und nicht sogleich einen
Vorgang für unmöglich zu erklären, wenn wir ihn zur
Stunde aus den uns bekannten Kräften nicht ableiten
können; denn wer wollte behaupten, dass wir alle Kräfte
übersehen, welche in der Natur wirken. Aber auf der
andern Seite haben wir wo möglich noch grössere Vorsicht anzuwenden, wenn es sich um die Annahme neuer,
bisher unbekannter Kräfte handelt, und es müssen erst
ganz bestimmte und unbezweifelbare Thatsachen vorliegen, welche beweisen, dass die angenommenen Vor-
gänge wirklich stattfinden, oder dass ihre Annahme un-
vermeidlich ist.

Keines von Beiden ist bis jetzt geschehen; weder
ist der Beweis erbracht, dass erworbene Abänderungen
vererbt werden können, noch ist gezeigt worden, dass
sich die Transmutationen der organischen Welt nur mit
ihrer Hülfe erklären lassen.

Die Vererbbarkeit erworbener Abänderungen ist bis jetzt durchaus noch nicht erwiesen,
weder durch die einfache Beobachtung, noch durch das
Experiment *). Wohl enthält die Litteratur eine ziem-

---

*) Pflüger äussert sich in demselben Sinn folgender-
massen: „Ich habe mich genauer mit allen Thatsachen bekannt gemacht, welche für die Vererbung erworbner Eigenschaften beigebracht worden sind, d. h. solcher, welche
ihren Grund nicht in einer eigenthümlichen, ursprünglichen

liche Zahl von Fällen, welche beweisen sollen, dass Verstümmelungen, Verlust eines Fingers, Narben früher erhaltener Wunden u. s. w. auf die Nachkommen vererbt worden seien, aber in, allen diesen Fällen ist die Vorgeschichte dunkel und eine wissenschaftliche Kritik deshalb unmöglich.

Als ein für den wissenschaftlichen Werth solcher Angaben typischer Fall kann der vielcitirte von jener Kuh gelten, welche aus „unbekannter Ursache" das linke Horn durch Eiterung verlor, und deren beide Kälber nur Rudimente desselben Horns besassen. Hierzu hat H e n s e n schon mit Recht bemerkt*), dass es sich hier sehr wohl um eine congenitale Missbildung handeln konnte, also um eine Keimesanlage. Die einzigen wissenschaftlich discutirbaren Fälle sind die bekannten Versuche des französischen Physiologen B r o w n - S é q u a r d mit Meerschweinchen, aber auch diese scheinen mir, was ihre Deutung angeht, nicht unangreifbar. Es handelt sich hier um V e r e r b u n g k ü n s t l i c h e r z e u g t e r M i s s b i l d u n g e n; Durchschneidung mächtiger Nervenstämme, oder gar des Rückenmarkes, oder einzelner Theile des Gehirns zogen Missbildungen nach sich, und diese traten in ähnlicher Weise auch bei den Nachkommen des ver-

---

Organisation des Eies und des Samens haben, aus denen das Individuum entstanden ist, sondern durch spätere, rein zufällige äussere Einwirkungen auf den Organismus desselben sich ausbildeten. Keine dieser Thatsachen beweist die Vererbung erworbener Eigenschaften." A. a. O. p. 68.

*) „Physiologie der Zeugung".

stümmelten Thieres auf. So entstand Epilepsie nach
Durchschneidung des grossen Hüftnerven, Verunstal-
tung des Ohres nach Durchschneidung des grossen
sympathischen Halsnerven, Augapfel-Vorfall nach
Durchschneidung eines bestimmten Gehirntheils (der Cor-
pora restiformia) und alle diese Folgen sollen sich in
die folgende, ja bis zur fünften und sechsten Generation
hinaus vererbt haben.

Zunächst aber wäre wohl zu fragen, ob es sich hier
wirklich um Vererbung und nicht etwa um den viel
einfacheren Fall der Ansteckung handelt! Bei Epilepsie wenigstens könnte man immerhin daran denken,
dass die Uebertragung eines organisirten Giftes durch
die Keimzellen mitspielte, wie bei Syphilis; jedenfalls
kennen wir die Natur dieser Krankheit ganz und gar
nicht. Bei den andern Fällen ist daran vielleicht gar
nicht zu denken, wohl aber muss im Auge behalten
werden, dass Thiere, mit denen man solche tiefeingrei-
fende Verstümmelungen des Nervensystems vorgenommen
hat, überhaupt krank sind und — wenn sie sich fortpflanzen — jedenfalls schwächliche, von Krankheitsur-
sachen leicht afficirbare Nachkommen produciren. Damit
wäre freilich nicht erklärt, warum immer gerade dieselbe
krankhafte Abänderung auftritt, wie sie bei den Aeltern
künstlich erzeugt wurde, allein dies scheint auch
keineswegs immer der Fall zu sein, da Brown-
Séquard selbst sagt, dass „die Veränderungen des
Auges" bei den Abkömmlingen ausserordentlich
verschiedenartige, und nur einigemal den bei den
Eltern beobachteten genau gleich gewesen seien."

Immerhin können diese Versuche Beachtung beanspruchen, müssen sich aber auch voll und ganz, bis ins Einzelne der Cautelen- und Controlversuche, der Qualität des dabei verwendeten Dienstpersonals u. s. w. der genauesten Kritik preisgeben, ehe sie wissenschaftliche Anerkennung beanspruchen können.

Bis jetzt ist diesen Bedingungen noch nicht Genüge gethan. Die neueren Versuche liegen nur in kurzer vorläufiger Mittheilung vor, welche über ihre Zuverlässigkeit, über die Täuschungs-Möglichkeiten, über die angewandten Cautelen, ja selbst über die Generationsfolgen der beobachteten Individuen noch keinerlei Urtheil zulassen. Bis zu voller Vorlage der ganzen Versuchsreihen aber wird man mit Du Bois Reymond*) sagen dürfen: „wollen wir ehrlich sein, so bleibt die Vererbung erworbener Eigenschaften eine lediglich den zu erklärenden Thatsachen entnommene und noch dazu in sich ganz dunkle Hypothese."

Es fragt sich nun, ob wir wirklich dieser Hypothese zur Erklärung der Thatsachen bedürfen.

Auf den ersten Blick sieht es nun freilich ganz so aus, und es scheint Tollkühnheit, auch ohne sie auskommen zu wollen. Ganze grosse Gruppen von Erscheinungen lassen sich — so scheint es — nur unter der Voraussetzung verstehen, dass auch erworbene Abänderungen vererbt werden können; so die Veränderungen, die wir dem steten Gebrauch oder Nichtgebrauch einzelner Theile zuschreiben, diejenigen, die wir direc-

---

*) Rode „über die Uebung", Berlin 1881.

ter Einwirkung des Clima's zuschreiben, und wie
sollten wir die Instinkte als „vererbte Gewohnheiten"
begreifen können, ohne die Häufung ihrer Anfangsstufen
durch Vererbung der im Einzelleben eingeübten Gewohnheiten anzunehmen?

Ich will nun den Versuch wagen, zu zeigen, dass
wir doch auch durch diese Fälle, — soweit sie wenigstens in ihrem Thatbestand klar und unzweifelhaft vorliegen — nicht zur Annahme der Vererbung erworbener
Charaktere gezwungen werden.

Es scheint schwierig, ja fast unmöglich, die Vererbung
erworbener Charaktere zu läugnen, wenn man an die Wirkungen denkt, welche erwiesenermassen Gebrauch oder
Nichtgebrauch auf einzelne Theile oder Organe ausüben.
Lamarck hat bekanntlich fast allein aus diesem Princip
die Umgestaltung der Organismen abgeleitet; der lange
Hals der Giraffe war nach seiner Anschauung durch das
Recken desselben nach Blättern der Bäume entstanden,
die Schwimmhaut an den Füssen der Vögel durch das
Spreizen der Zehen in dem Bestreben eine möglichst
breite Wasserschicht damit zu treffen. Es unterliegt nun
keinem Zweifel, dass ein Muskel, der häufig geübt wird,
an Querschnitt und an Kraft zunimmt, dass Drüsen,
welche sehr häufig zur Sekretion gereizt werden, nicht
kleiner, sondern grösser werden und in ihrer Leistungs-
fähigkeit sich steigern, ja die ganze Wirkung der Uebung
einzelner Theile unseres Körpers beruht ja eben darauf,
dass die Organe durch häufige Functionirung gekräftigt
werden. Dies bezieht sich ganz ebenso auch auf das
Nervensystem, und der Klavierspieler, der mit rasender

Schnelligkeit bestimmte und höchst verwickelte Bewegungscombinationen seiner Hand- und Fingermuskeln ausführt, hat — wie du Bois Reymond mit Recht hervorhebt — keineswegs blos die betreffenden Muskeln geübt, sondern in ebenso hohem Grade gewisse Gangliengruppen seines Gehirns, welche eben jene Combinationen von Bewegungen auszulösen haben. Ebenso lassen sich, wie bekannt, auch andere Functionen des Gehirns durch Uebung kräftigen und steigern, wie z. B. das Gedächtniss. Die Frage ist nur, ob sich solche durch Uebung erworbene Abänderungen auf die folgende Generation übertragen können. Die Lamarck'sche Theorie setzt es stillschweigend voraus, denn ohne Vererbung wäre eine Steigerung der betreffenden Abänderung durch Uebung vieler aufeinanderfolgender Generationen nicht möglich.

Dagegen ist nun zunächst zu sagen, dass überall, wo in der freien Natur ein Organ durch Uebung gekräftigt wird, dieses Organ eine gewisse Bedeutung für das Leben des Individuums besitzt; sobald dies aber der Fall ist, bemächtigt sich seiner die Naturzüchtung und wählt nur diejenigen Individuen zur Nachzucht aus, welche das Organ in bester Ausführung besitzen. Diese beste Ausführung beruht nun aber keineswegs auf dem Grad von Uebung, dem das Organ während des Einzellebens unterworfen ist, sondern sie beruht in erster Linie auf der Beanlagung des Organs vom Keime her. Die Steigerung, deren ein Organ durch Uebung im Einzelleben fähig ist, ist ja keine unbegrenzte, vielmehr hängt sie ab von der ersten Anlage des Organs.

So wenig man aus der Anlage eines Zwergs durch reichliche Ernährung einen Riesen machen kann, so wenig kann man die Muskeln eines der Anlage nach schwachen Individuums durch Uebung zu denen eines Herkules heranbilden, oder das Gehirn eines zum Dummkopf beanlagten Individuums durch viele Denkübungen zu dem eines Leibnitz oder Kant erziehen. Bei gleicher Uebung wird das der Anlage nach kräftigere Organ stets einen höheren Leistungsgrad erreichen, als das schwächer angelegte. Wenn also Selection die minder leistungsfähigen Individuen beseitigt, so beseitigt sie damit die vom Keim her schwächer beanlagten Individuen, und die Uebungsresultate des Einzellebens kommen dabei gar nicht in Betracht, da die Stärke der Uebung bei den Individuen einer Art nahezu gleich sein muss. Die Steigerung eines Organs im Laufe der Generationen beruht also nicht auf einer Summirung der Uebungsresultate des Einzellebens, sondern auf der Summirung günstiger Keimes-Anlagen.

An dieser Beweisführung könnte höchstens angezweifelt werden, ob in der That die einzelnen Individuen einer abändernden Art immer in gleicher Richtung und Stärke der Uebung unterworfen sind. Dies wird man aber sogleich zugeben, sobald man sich einen bestimmten Fall vorstellt. Als die wilde Ente gezähmt und auf Hühnerhöfen gehalten wurde, waren alle Individuen in gleichem Masse mehr als früher auf das Gehen und Stehen angewiesen und ihre Beinmuskulatur wurde in demselben Grade stärker in Anspruch genommen, als früher. Ganz ebenso aber wird es sich verhalten, wenn

der Zwang zu stärkerem Gebrauch eines Organs von
irgend welcher Veränderung der Lebensbedingungen im
Naturzustande ausgeht; kein Individuum wird sich demselben entziehen können, ein Jedes wird entsprechend
seinen Kräften den veränderten Bedingungen gerecht zu
werden suchen. Das Mass dieser Kräfte aber beruht
eben auf der Keimesanlage, und sobald dann Selection
eintritt, so findet sie nur scheinbar zwischen den ausgebildeten Individuen, in Wahrheit aber zwischen den stärkeren und schwächeren Keimes-Anlagen statt.

Was aber für die durch Gebrauch erzeugte Acti-
vitäts-Hypertrophie gilt, das hat auch für einen
Theil der Fälle von Atrophie oder Verkümmerung
in Folge von Nichtgebrauch Geltung.

Schon Darwin hat darauf aufmerksam gemacht,
dass die Verkümmerung gewisser Organe unter Umständen nützlich sein kann: So der Verlust der Flügel bei
vielen Käfern oceanischer Inseln, wie er speciell für Ma-
deira nachgewiesen ist; Individuen mit schlecht entwickelten, schliesslich mit ganz verkümmerten Flügeln
waren hier im Vortheil, da sie nicht durch die häufigen
Winde ins Meer geweht werden konnten. Aehnlich steht
es mit den Augen des Maulwurfs und verwandter unter-
irdischer Säugethiere, deren winzige von Haarpolstern
gegen Entzündungsreize geschützte Augen vollkommen
gut durch Naturzüchtung erklärt werden können. Auch
das völlige Verschwinden der Beine bei den
Schlangen darf wohl als eine entschiedene Erleichterung
des Kriechens durch enge Löcher und Spalten angesehen
werden, und die Verkümmerung der Flügel beim

Strauss und Pinguin theilweise als eine Umwandlung des Flugorgans in ein Luft- oder Wasserruder.

Nicht so einfach aber fügen sich diejenigen Fälle
einer solchen Auffassung, in denen die Verkümmerung
des nichtgebrauchten Organs keinen directen Nutzen für
seinen Träger hat. Wenn wir die Augen der Höh-
lenthiere, seien es Insecten, Kruster, Fische oder Amphibien verkümmert finden, so kann dies wohl kaum
irgend einen directen Vortheil für das Thier haben; dasselbe würde auch mit vollkommen ausgebildeten Augen
ebensogut im Dunkeln leben können. Grade hierbei
kommt eine — wie mir scheint — sehr wichtige Seite
der Naturzüchtung in Betracht, nämlich die erhaltende
Kraft derselben. Das Beste wird nicht nur geschaf-
fen durch Auswahl des Passendsten, sondern auch erhalten *); mit der Feststellung eines Arttypus, mit der
möglichst vollkommenen Anpassung desselben an die
innern und äussern Lebensbedingungen, hört der Kampf
ums Dasein nicht auf, sondern er nimmt im Gegentheil
eher schärfere Formen an, indem nun ganz minutiöse
Unterschiede des Baues den Ausschlag über Leben und
Tod geben müssen.

Die Raubvögel sind die scharfsichtigsten unter
den Vögeln, sollte zuweilen — ich will nicht sagen ein
kurzsichtiger — sondern nur ein minder scharfsichtiger
zur Welt kommen, so wird dieser schwerlich dem Hunger-

---

*) Wenn ich nicht irre, so hat zuerst Seidlitz diese
Seite des Selectionsprocesses hervorgehoben; vergl. Seidlitz „Die Darwin'sche Theorie", Leipzig 1875, p. 198.

tod auf die Dauer entrinnen, weil er in der Concurrenz mit seines Gleichen immer im Nachtheil sein wird.

Die Scharfsichtigkeit dieser Vögel wird also e r h a l - t e n durch unausgesetzte Thätigkeit der Naturzüchtung, durch stete Ausmerzung aller minder scharfsichtigen Exemplare. Dies würde mit einem Schlage geändert, wenn irgend eine Raubvogel - Art gezwungen werden könnte, in völligem Dunkel zu leben. Nun wäre die Beschaffenheit der Augen für die Existenz des Individuums, und folglich auch für die Erhaltung der Art eine gleichgültige Sache; vielleicht würden noch zahlreiche Generationen hindurch die scharfen Augen weiter vererbt, aber wenn gelegentlich minder vorzügliche Sehorgane vorkämen, so würden auch diese weiter vererbt, und selbst ganz kurzsichtige, ja fehlerhafte und schlechte Augen würden ihrem Besitzer keinerlei Nachtheil bringen, und es müsste bei der fortwährenden Kreuzung aller möglichen Stufen der Augengüte unabänderlich zuletzt ein minder vortrefflicher Durchschnittsstand der Augen sich feststellen, als er vor dem Einziehen in das lichtlose Wohngebiet vorhanden war.

Man kennt keine im völligen Dunkel lebenden Vögel und es ist auch nicht wahrscheinlich, dass solche gefunden werden, aber man kennt blinde Fische und Amphibien, und bei diesen sind die Augen zwar klein und unter der Haut verborgen, aber sie sind doch vorhanden. Ich glaube, dass diese Thatsache schwer zu vereinigen ist mit der üblichen Ansicht, dass die Augen dieser Thiere lediglich durch den Nichtgebrauch verkümmert sind. Wäre Nichtgebrauch im Stande, ein Organ zu

völligem Schwund zu bringen, so müsste wohl längst
jede Spur von ihnen getilgt sein. Wissen wir doch, dass
nach Durchschneidung des Riechnerven beim
Frosch das Geruchsorgan selbst vollständig degenerirt,
und auch der Schwund und die Entartung des Auges
nach künstlicher Zerstörung der nervösen Sehcentren ist
eine beträchtliche. Wenn nun die Wirkungen des Nicht-
gebrauchs schon im Einzelleben so bedeutende sind, so
könnte, falls sie sich wirklich vererbten, bei keinem
Dunkelthier mehr ein Rest von Auge vorhanden sein.

Die Höhlen von Krain, in welchen der blinde Olm
und so manche andere blinde Thiere leben, gehören der
Jura-Formation an, und wenn wir auch den Zeitpunkt
nicht genau angeben können, wann die Besiedelung derselben, z. B. durch den Proteus, stattgefunden hat, so
zeigt doch schon der niedere Bau desselben, dass dies
zu einer weit zurückgelegenen Zeit geschehen sein muss,
seit welcher viele Tausende von Generationen dieser Art
sich gefolgt sind.

So wird man sich nicht wundern können darüber,
dass die Rückbildung des Auges einen schon ziemlich
hohen Grad erreicht hat, auch wenn man dieselbe lediglich aus dem Nachlass der conservirenden Wirkung der
Naturzüchtung ableiten wollte.

Dies ist indessen nicht einmal nöthig, denn es
kommen bei der Verkümmerung eines Organs durch
Nichtgebrauch noch weitere Motive in Betracht, nämlich die höhere Ausbildung andrer Organe, die Ersatz
für den Verlust des schwindenden Organs leisten sollen,
oder auch nur einfach die Vergrösserung angrenzender

Theile. Schon diese Letztere allein, wenn sie wenigstens irgend einen Vortheil bietet, sollte wohl das durch Auslese nicht mehr auf seiner Höhe gehaltene Organ mehr und mehr zusammendrücken und ihm den Raum wegnehmen.

Vor Allem aber wird eine gewisse Art von Correlation dabei eine Rolle spielen, der Kampf der Theile im Organismus, wie Roux*) diese Beziehungen neuerdings genannt hat. Es wird kaum irgend ein Fall von Atrophie durch Nichtgebrauch aufzufinden sein, in welchem nicht irgend ein anderes Organ sich um so stärker entwickelt, blinde Thierarten besitzen stets sehr stark ausgebildete Tast-, Hör- und Riechorgane, und der Schwund der Flügelmuskeln des Straussen ist von einer gewaltigen Kräftigung der Beinmuskulatur begleitet. Wenn nun die Menge von Nährstoffen, über welche der Organismus verfügt, eine gegebene ist — und dies ist für eine bestimmte Zeit sicher der Fall — so muss der stärkere Zufluss nach dem einen Organ einen Abfluss von dem andern zur Folge haben, und dies muss sich von Generation zu Generation steigern, in dem Masse, als Naturzüchtung die gewünschte Verstärkung des vicariirenden und zugleich in der Bewerbung um Raum und Blut concurrirenden Organs steigert.

Ohne Zuthun eines Selectionsprocesses zwischen den Individuen wird aber der Kampf der Organe innerhalb des einzelnen Organismus nicht im Stande sein, die Ten-

---

*) W. Roux, „Der Kampf der Theile im Organismus", Leipzig 1881.

denz zur Anlage des betreffenden Organs aus dem Keim
zu entfernen, sie wird vielmehr nur die Entwicklung der
noch vorhandnen Anlage hemmen und den Ausbildungs-
grad desselben herabsetzen können. Die Anlage selbst
aber wird trotz noch so unvollkommner und gehemmter
Ausführung doch in jeder folgenden Generation wieder in
demselben Grade vorhanden sein, falls eben erworbene Abänderungen nicht vererbbar sind, wie ich es annehme. Der
völlige Schwund rudimentärer Organe wird wohl immer
nur unter Mitwirkung der Selection zu Stande kommen,
indem das schwindende Organ andern, in aufsteigender
Entwicklung begriffenen Organen Platz und Stoff vorent-
hält, und daraus ein auf seine gänzliche Entfernung ge-
richteter Züchtungsprocess resultirt. Die schwächere ·
Keimesanlage des betreffenden Organs ist dann die be-
vorzugte, und es steht Nichts im Weg, sich diesen Se-
lections-Process so lange fortgesetzt zu denken, bis jede
Anlage des Organs aus dem Keim verschwunden ist. Wie
langsam dies aber geht, wie ausserordentlich zäh rudi-
mentäre Organe wenigstens im Keime noch festgehalten
werden und wie ganz allmälig und schrittweise sie vollständig ausgetilgt werden, das sehen wir vielleicht am
deutlichsten an den Gliedmassen der Wirbelthiere und
Arthropoden. Bei der Blindschleiche fehlen zwar die
Gliedmassen selbst aber ein verkümmerter Schultergürtel
liegt noch unter der Haut, und ganz kürzlich haben wir
die interessante Thatsache erfahren*), dass bei jungen

---

*) Vergl. Born im „Zoolog. Anzeiger" 1883, Nr. 150,
p. 537.

Embryonen auch die Vorderbeine selbst noch als kurze
Stummel angelegt werden, um sich dann aber rasch
und vollständig wieder zurückzubilden. Bei den meisten
Schlangen fehlt im ausgebildeten Thier jede Spur von
Extremitäten, ob auch im Embryo, ist durch die bis
jetzt vorliegenden Untersuchungen kaum schon als erwiesen anzusehen. Ich erinnere ferner an die sehr verschiednen Stadien der Rückbildung, auf welchen sich
die Gliedmassen der Molche befinden, und an die Vorder-
gliedmassen des Hesperornis, jenes merkwürdigen Zahn-
vogels aus der Kreide, welche nach Marsh *) nur noch
aus einem ganz dünnen und verhältnissmässig kleinen
Oberarmknochen bestanden und vermuthlich ganz unter
der Haut verborgen lagen u. s. w. Die Wasserflöhe
(Daphnoiden) zeigen im Embryo drei völlig deutliche
und beinahe gleich grosse Kieferpaare, von denen aber
zwei sehr bald vollständig verkümmern und sich bei
keiner Art noch zu Kiefern entwickeln. Ebenso werden
bei den madenförmigen, beinlosen Larven der Bienen
und Wespen noch immer die drei Beinpaare ihrer Vorfahren im Embryo angelegt u. s. w.

Es scheint nun allerdings Fälle zu geben, in denen
Veränderungen erworbener Natur erblich geworden sind,
ohne dass Natur-Auslese irgendwie dabei activ im Spiele
sein kann. Dahin gehört die Kurzsichtigkeit des
civilisirten Menschen.

Dieselbe ist sicherlich zum Theil erblich, und man

---

*) Marsh, „Odontornithes, a Monograph on the ex-
tinct toothed Birds of North America", Washington, 1880.

3

hat dies bisher, soviel mir bekannt, als Vererbung erworbener Abänderungen gedeutet und sich also vorge-
stellt, dass erworbene Kurzsichtigkeit sich in geringem
Grad vererben könne, und jede der folgenden Generationen, soweit sie durch habituelles Sehen in die Nähe
selbst wieder kurzsichtig werde, die angeborene Anlage
zum Kurzsichtigwerden steigere.

Allein man muss sich erinnern, dass die Refraktions-
unterschiede des Auges beim Menschen längst der er-
haltenden Controle der Naturzüchtung ent-
hoben sind. Ein blinder Mensch würde allerdings im
Kampf ums Dasein mit den Sehenden unterliegen müssen,
aber Kurzsichtigkeit hindert nicht am Nahrungser-
werb; kurzsichtige Luchse, Falken, Gazellen würden durch
Auslese vernichtet, auch kurzsichtige Indianer, aber kurzsichtige Europäer der höheren Gesellschaftsklassen finden
Beschäftigung und Brod. Es wird also hier in Bezug auf
Fern- oder Nahsichtigkeit dasselbe Schwanken des Organs
eintreten müssen, welches ich vorhin für das Auge der Höh-
lenthiere in seiner Totalität annahm. Wenn wir desshalb
erbliche Kurzsichtigkeit nicht so gar selten in Familien
antreffen, so kann dieselbe sehr wohl auf Vererbung zu-
fälliger Keimes-Anlagen zurückgeführt werden, anstatt
auf Vererbung erworbener Kurzsichtigkeit. Eine sehr
grosse Zahl von Kurzsichtigen verdankt ihren Mangel
gar nicht der Vererbung, sondern hat ihn selbst erworben, denn es unterliegt keinem Zweifel, dass ein norma-
les Auge durch anhaltendes Sehen in die Nähe im Laufe
eines Lebens kurzsichtig gemacht werden kann, auch
wenn gar keine ererbte Neigung dazu nachweisbar ist.

Gewiss tritt dies leichter ein, wenn ohnehin schon das Auge seiner Anlage nach nicht normalsichtig war, aber die unter uns so weite Verbreitung dieser Anlage möchte ich nicht aus der Vererbung erworbener Kurzsichtigkeit, sondern eben aus einer gewissen Variabilität des Auges ableiten, wie sie die nothwendige Folge des Mangels einer Controle durch Naturzüchtung ist. Man könnte dieses Nachlassen der conservirenden Wirkung der Selektion als Panmixie bezeichnen, insofern dabei alle Individuen zur Fortpflanzung gelangen, sich miteinander vermischen, nicht blos die im Ganzen oder in Bezug auf ein einzelnes Organ Bestausgestatteten. Es scheint mir, dass ein grosser Theil der Abänderungen, welche man dem direkten Einfluss äusserer Lebensbedingungen zuschreibt, dieser Panmixie zuzuschreiben ist; so beruht z. B. die grosse Variabilität der meisten Hausthiere wohl wesentlich auf ihr.

Wenn eine Gans oder Ente, die im Naturzustand ein guter Flieger sein musste, auf dem Hühnerhof nicht mehr zu fliegen braucht, um sich reichliche Nahrung zu verschaffen, so hört die scharfe Auslese der guten Flieger unter ihren Nachkommen auf, und es muss nothwendig im Laufe der Generationen eine Verschlechterung des Flugorganes eintreten, und ganz ähnlich wird es sich mit einer grossen Zahl der übrigen Theile und Organe des Vogels verhalten.

Gerade dieses Beispiel zeigt aber deutlich, dass die Verkümmerung eines Organs nicht direct durch den Nichtgebrauch bestimmt wird, denn obgleich diese Hausthiere ihre Flügel wenig gebrauchen, so sind doch ihre

Flügelmuskeln nicht verkümmert, wie jeder Gänsebraten beweist, ja sie scheinen wenigstens bei der Gans nicht einmal in irgend merklichem Grade abgenommen zu haben.

Die zahlreichen und genauen Untersuchungen, welche Darwin an unserm zahmen Geflügel mittelst Messungen und Wägungen ihrer Knochen angestellt hat, scheinen mir doch nicht blos der Auslegung fähig zu sein, welche er ihnen gibt. Wenn bei der zahmen Ente die Flügel-knochen ein geringeres Gewicht zeigen, als die der Wild-ente im Verhältniss zum Gewicht der Beinknochen, und wenn dies, wie Darwin gewiss ganz richtig annimmt, nicht auf einem Kleinerwerden der Flügel, sondern auf einem Grösserwerden der Beine beruht, so ist doch da-mit noch nicht erwiesen, dass Letzteres auf der vererb-ten Wirkung des jetzt verstärkten Gebrauchs beruht. Es könnte vielmehr ganz wohl einerseits auf dem Nach-lass der conservirenden Wirkung der Selection, auf Pan-mixie, welcher natürlich erblich wirkt, und andrerseits auf dem directen Einfluss des stärkeren Gebrauchs wäh-rend des Einzellebens beruhen. Wissen wir doch durchaus nicht, wieviel in dieser Richtung verstärkter Gebrauch während eines Einzellebens zu leisten im Stande ist. Wenn man beweisen wollte, dass Gebrauch und Nichtgebrauch direct und ohne Mitspielen von Selection erbliche Wirkungen hervorbringe, so müsste man wilde Thiere, z. B. Wildenten, domesticiren und zwar mit Er-haltung aller Nachkommen, also mit Ausschluss jeder Selection. Wenn dann die zweite, dritte — nte Genera-tion so gezähmter Enten in allen Individuen die gleichen

Veränderungen zeigte, und wenn diese Veränderungen sich von Generation zu Generation steigerten und zugleich ihrer Natur nach als Wirkung von Gebrauch und Nichtgebrauch angesehen werden müssten, dann dürfte vielleicht die Vererbbarkeit dieser Wirkungen als bewiesen angesehen werden, obwohl man immer im Gedächtniss behalten muss, dass Domestication nicht blos d i r e c t den Organismus beeinflusst, sondern auch i n d i r e c t durch Erhöhung seiner Variabilität in Folge aufgehobener Selection. Solche Versuche sind aber noch nicht mit genügender Schärfe angestellt worden*).

Auch die E n t s t e h u n g und A b ä n d e r u n g d e r I n s t i n k t e denkt man sich gewöhnlich von der Uebung gewisser Muskelgruppen und Nervenbahnen während des Einzellebens abhängig, und von allmäliger Steigerung des Uebungsgrades durch Vererbung der Uebungsresultate von einer Generation auf die andere. Ich halte dies für durchaus nicht richtig, sondern glaube, dass a l l e I n s t i n k t e r e i n n u r d u r c h S e l e c t i o n e n t s t e h e n, d a s s s i e n i c h t i n d e r U e b u n g d e s E i n z e l l e b e n s, s o n d e r n i n K e i m e s v a r i a t i o n e n i h r e W u r z e l h a b e n.

W a r u m s o l l t e d e r I n s t i n k t z. B. v o r F e i n d e n z u f l ü c h t e n, nicht dadurch entstanden sein, dass das von Natur furchtsamere, schreckhaftere Individuum häufiger überlebte, als das sorgloser angelegte? Man wird etwa dagegen einwenden, dass die Vögel unbewohnter

---

*) Vergl. D a r w i n „das Variiren der Thiere und Pflanzen im Zustande der Domestication", Deutsche Ausgabe, 2. Auflage, Bd. I, p. 309 und 310.

Inseln, die zuerst den Menschen noch gar nicht scheuten, schon „nach wenigen Generationen" den Instinkt der Menschenfurcht ausgebildet hatten, was doch unmöglich durch Selection so schnell hätte geschehen können. Aber handelt es sich denn hier um die Entstehung eines neuen Triebs, und nicht vielmehr um die Vermehrung derjenigen Eindrücke (Wahrnehmungen S c h n e i d e r *), welche den bereits längst vorhandenen Flüchtungstrieb auslösen, um einen neuen, den des Menschen? Und hat Jemand den Versuch gemacht, ob die j u n g e n Vögel der zweiten oder dritten Generation auch schon vor dem Menschen erschrecken, oder ob nicht vielmehr die Erfahrung des einzelnen Vogels hier gewaltig mit im Spiel ist? Ich meinerseits bin sehr geneigt, anzunehmen, dass schon in der ersten Generation, welcher der Mensch als Feind gegenüber trat, sich bald die Gewohnheit, vor ihm zu flüchten, ausbildete. Sieht man doch dieselbe Vogel-schaar, die kurz vorher noch sorglos den Menschen um-spielte, scheu und äusserst vorsichtig werden, sobald ein paar Flintenschüsse auf sie abgefeuert wurden. Beim Vogel spielt eben die Intelligenz schon erheblich mit. Daraus folgt aber noch keineswegs, dass diese indivi-duelle Gewohnheit sich nun auch vererbt haben muss, es kann vielmehr sehr wohl erst eines langen Selections-processes bedurft haben, ehe die Wahrnehmung des Menschen auch in dem jungen, noch unerfahrenen Vogel den Flüchtungstrieb sofort erweckte. Leider sind die Beobachtungen über diese Verhältnisse lange nicht präcis genug, um eine Entscheidung zu gestatten.

---

*) Vergl. „der thierische Wille", Leipzig, 1880.

Auch das vielcitirte Beispiel des jungen Vorsteh-
hundes der „ungelehrt, ohne Vorbild, im subtropischen
Gestrüpp die Eidechse stand, wie seine Eltern das Reb-
huhn auf der Ebene von Saint-Denis", oder der ohne
noch die Wirkung des Schusses zu kennen, beim ersten
Schuss laut bellend vorsprang, um die Beute zu appor-
tiren, dürfen gewiss nicht als Vererbung von Gedächt-
nissbildern, also z. B. des Schusses, sondern als Vererbung von Reflexmechanismen, aufgefasst werden. Der
junge Hund springt auf den Schuss hin vor, nicht weil
er von seinen Eltern die Ideenassociation: Schuss
und Beutestück ererbt hätte, sondern weil er den Re-
flexmechanismus geerbt hat: Knallempfindung —
Vorstürzen. Wie nun dieser Wahrnehmungstrieb, — um
mit Schneider zu reden — entstanden ist, das ist
nicht ohne neue Versuche auszumachen; es scheint mir
aber gar nicht undenkbar, dass hier die künstliche Züchtung mit im Spiel ist, und dass es sich hier nicht um
Vererbung einer Dressur, sondern um Steigerung einer
Keimesanlage durch Selection handelt.

Wie vorsichtig man sein muss in der Heranziehung
der Uebung, und ihrer durch Vererbung übertragbaren
Resultate, das zeigen am besten die zahlreichen
Instinkte, welche nur ein einziges Mal im
Leben zur Ausübung gelangen, bei denen also
von Uebung keine Rede sein kann. Die Bienenkönigin
unternimmt nur ein einziges Mal ihren Hochzeitsflug,
und wie viele und complicirte Instincte und Reflexmechanismen kommen dabei in Betracht! Auch die Eiablage geschieht von zahlreichen Insecten nur ein Mal

im Leben und doch wissen sie genau, ob die Eier nur einfach ins Wasser fallen zu lassen, oder mühsam an die Unterseite von Steinen auf dem Grunde zu kleben sind, ob sie an eine bestimmte Pflanzenart, und an welchen Theil derselben sie zu legen sind, und auch hierbei kommen oft die complicirtesten Handlungen in Betracht. Es ist geradezu erstaunlich, einer gewissen Gallwespe zuzusehen (Rhodites Rosæ), die ihre winzigen Eier in den Grund einer jungen Triebknospe legt! Mit welcher Vorsicht sie zuerst die Knospe von allen Seiten betrachtet und betastet mit Füssen und Fühlern, endlich den langen Legebohrer zwischen die festgefugten Deckblätter der Knospe langsam einschiebt, um ihn gar manches Mal, wenn es nicht die ganz richtige Stelle war, wieder zurückzuziehen, und zuletzt, wenn sie diese gefunden, ihn langsam und bohrend bis tief in das innerste Mark der Knospe einzusenken, so dass die Eier nun an den Punkt gelangen, an dem sie allein ihre Entwicklungsbedingungen vorfinden.

Nun legt allerdings jede Gallwespe mehrere Male Eier ab, und insofern könnte ja allenfalls von Vervollkommnung durch Uebung die Rede sein, wenn freilich auch kaum Viel von einer Uebung erwartet werden kann, die etwa ein Dutzend Mal kurz hintereinander ausgeführt wird und die sich zugleich auf eine so complicirte Handlung bezieht.

Ganz ebenso aber steht es mit der Eiablage der meisten Insekten. Wie soll Uebung irgend einen Einfluss gehabt haben auf die Entstehung des Instinktes, welcher einen unserer Tagschmetterlinge, das Landkärt-

chen, Vanessa levana lehrt, seine grünen Eier in
einreihigen, langen, frei vom Stengel oder dem Blatt
abstehenden Säulchen abzulegen, so dass sie zu ihrem
Schutz den Blüthenknospen der Brennessel auf's täu-
schendste gleichen, auf welcher die Räupchen ihre Nahrung finden?

Natürlich hat der Schmetterling keine Ahnung von
dem Nutzen seiner Handlungsweise; Intelligenz ist also
dabei in keinem Grade im Spiel. Die Handlungsweise
des Thieres beruht auf angebornen anatomischen und
physiologischen Einrichtungen, auf dem Bau des Eier-
stocks und des Eileiters, auf der gleichzeitigen Reifung
einer gewissen Anzahl von Eiern, und auf gewissen sehr
complicirten Reflexmechanismen, die dasselbe zwingen,
die Eiablage an bestimmter Stelle einer bestimmten
Pflanze vorzunehmen. Gewiss ist Schneider völlig im
Recht, wenn er diesen Mechanismus ausgelöst werden
lässt durch ein Gefühl, welches von der Wahrnehmung
der betreffenden Pflanze oder Pflanzentheils, sei es durch
Gesicht oder Geruch oder durch Beides erregt wird*).
Allein Uebung und die Vererbung erworbener Eigenschaften können wir hier zur Erklärung nicht herbei-
ziehen, und die Entstehung solcher Triebe lässt sich auf
keine andere Weise verstehen als durch Selections-Pro-
cesse.

Auch die Schutzhüllen, welche zahlreiche Insekten
bei ihrer Verpuppung anfertigen, gehören hierher, denn
auch sie werden nur ein einziges Mal im Leben verfer-

---

*) Vergl. Schneider „der thierische Wille".

tigt, Uebung fällt also auch hier vollständig aus. Und dennoch sind dieselben oft ungemein complicirt; man denke nur an das beinahe unzerreissbar zähe birnförmige Gespinnst des Nachtpfauenauges, das der Schmetterling nicht verlassen könnte, wenn er nicht eine Oeffnung daran anbrächte, und das ihn doch wieder nicht vor seinen Feinden schützen würde, versähe er nicht diese Oeffnung mit einem Kranz von spitzen, nach aussen wie eine Fischreuse convergirenden steifen Borsten, so dass er selbst zwar bequem hinaus, Niemand aber herein kann. Der Trieb, der dieses complicirte Gespinnst hervorbringt, kann nur durch Selection entstanden sein; natürlich nicht im Laufe ciner Artgeschichte, sondern im Laufe zahlreicher auf einander folgender Arten durch immer weitere Steigerung der Anfangsstufen der Gespinnstbildung. Es sind uns ja auch heute noch eine ganze Anzahl von Arten bekannt, die ähnliche, wenn auch weniger vollkommene Gespinnste verfertigen, bis zurück zu solchen, die nur einen lockeren, aber ringsum geschlossenen Cocon verfertigen.

In Complicirtheit unterscheidet sich der Spinntrieb des Nachtpfauenauges wohl kaum von dem einer Radspinne; wenn aber der erstere sich ohne Uebung des einzelnen Individuums ausgebildet hat — und das müssen wir annehmen — dann kann es auch der letztere, und dann liegt kein Grund und auch kein Recht vor, die gänzlich unerwiesene Vererbung erworbener Fertigkeiten mit herbeizuziehen zur Erklärung dieser und tausend anderer Triebe.

Man könnte nun einwerfen, dass beim Menschen

ausser den allen Individuen angeborenen Instinkten noch
besondere individuelle Anlagen vorkommen, so hoch ent-
wickelter Natur, dass sie unmöglich plötzlich durch individuelle Keimes-Variation entstanden sein könnten,
dass diese Anlagen, Talente genannt, aber auch
nicht durch Naturzüchtung entstanden sein könnten, weil
von ihrem Besitz das Leben in keiner Weise abhängt,
dass somit zur Erklärung ihrer Entstehung Nichts übrig
bleibt, als die Annahme einer Summirung der in jedem
Einzelleben durch Uebung erlangten Fertigkeiten. Da
hätten wir also dann doch die Nothwendigkeit der Annahme einer Vererbung erworbener Eigenschaften.

Nun kann in der That nicht entfernt geläugnet werden, dass alle Anlagen im Einzelleben durch Uebung
gesteigert, ja sogar bedeutend gesteigert werden können, und wenn die Talente, z. B. die Begabung für Musik, Malerei, Sculptur, Mathematik einfache
Grössen wären, die auf der An- oder Abwesenheit eines
bestimmten Organs im Gehirn beruhten, so wäre für
ihre Entstehung und Steigerung bei Ausschluss der Naturzüchtung in der That kein anderer Weg zu finden,
als der der Uebertragung der Uebungs-Resultate von
einer Generation auf die andere. Allein Talente beruhen
nicht auf dem Besitz eines besondern Gehirntheils, sie
sind überhaupt nichts Einfaches, sondern sind Combinationen geistiger Anlagen von oft sehr zusammengesetzter
Natur; sie können nur auf besonderer Erregbarkeit und
leichter Leitbarkeit gewisser Nervenbahnen des Gehirnes
beruhen, wohl auch auf stärkerer Entwicklung einzelner
Hirntheile. Es scheinen mir keinerlei Beweise vorzu-

liegen, dass Talente durch Uebung innerhalb einer längeren Generationsfolge gesteigert worden wären. Allerdings lehrt die Familie Bach dass das musikalische, die Familie Bernoully dass das mathematische Talent sich durch Generationen hindurch vererben kann, das sagt aber Nichts über ihre Entstehung aus, und die höchsten Leistungen dieser Talente liegen in beiden Familien nicht am Ende der Generationsfolge, wie es der Fall sein müsste, wenn die Uebungsresultate sich vererbten, sondern in der Mitte. Sehr häufig auch sind Talente scheinbar plötzlich aufgetreten in einzelnen Gliedern einer Familie, die sich niemals vorher in dieser Richtung ausgezeichnet hatte.

Gauss ist nicht der Sohn eines Mathematikers gewesen, Händels Vater war Wundarzt, und man weiss Nichts von einer musikalischen Begabung desselben, Tizian war der Sohn und Enkel eines Advokaten, er und sein Bruder Francesco Vecellio waren die ersten Maler der Familie, denen noch sieben andere in absteigender Begabung folgten. Das beweist gewiss nicht, dass die Dispositionen der Nervenbahnen des Gehirns, welche das specifische Talent ausmachen, ganz nagelneu aufgetreten wären bei diesen Männern, sie waren sicherlich in den Aeltern schon vorbereitet, wenn sie auch nicht zum äussern Ausdruck gelangten, aber es beweist, wie mir scheint, dass der hohe Grad von Begabung nach bestimmter Richtung, den wir Talent nennen, nicht durch Uebung der vorausgegangenen Generationen entstanden sein kann, d. h. nicht durch Uebung des Gehirns in derselben specifischen Richtung.

Mir scheint das Talent auf glücklicher Combination ererbter, einseitig gesteigerter, aber im Allgemeinen schon hoher geistiger Anlagen zu beruhen. Physiologisch nachzuweisen, wie diese Combinationen entstehen, ist natürlich für jetzt unmöglich, es ist aber recht wahrscheinlich, dass dabei die Kreuzung der älterlichen Anlagen eine sehr bedeutende Rolle spielt, wie schon der Goethe'sche Ausspruch über seine eigne Begabung so schön als scharfsinnig andeutet:

> „Vom Vater hab' ich die Natur
> Des Lebens ernstes Führen,
> Vom Mütterchen die Frohnatur
> Die Lust zum Fabuliren" u. s. w.

Dass Talente in der That nur bestimmte Combinationen gewisser hochentwickelter Geistesanlagen sind, die sich in jedem Gehirn finden, darauf weist schon die häufige Vereinigung mehrerer Talente in einem Menschen, sowie das Auftreten verschiedener hochgradiger Talente bei den Gliedern ein und derselben Familie. Viele Maler sind zugleich vortreffliche Musiker gewesen, und sehr häufig findet man geringere Grade beider Talente in einem Menschen vereinigt. Andrerseits begegnen wir in der Familie Feuerbach einem bedeutenden Juristen, einem bedeutenden Philosophen und einem höchst talentvollen Maler, und in der Familie Mendelssohn einem Philosophen und einem Musiker. In demselben Sinne spricht auch das häufige Auftreten eines bestimmten Talentes je nach der allgemeinen Geistesströmung einer Zeit. Wie viele Dichter tauchten in Deutschland auf

zur Zeit der empfindsamen Periode am Ende des vorigen
Jahrhunderts, und wie gänzlich verschwunden schien alle
dichterische Begabung während des 30jährigen Kriegs,
während dessen freilich noch Anderes darnieder lag.
Wie zahlreiche Philosophen tauchten auf in der nach-
Kantischen Periode, und wie beinahe verschwunden schien
die philosophische Begabung im deutschen Volke zur
Zeit der Herrschaft jener extremen, die Speculation ver-
schmähenden „exakten Naturforschung".

Wo Akademien errichtet werden, da tauchen die
Schwanthalers, Defreggers, Lenbachs aus demselben Volksstamm auf, von dessen künstlerischer Begabung man lange Zeit hindurch Nichts mehr gehört
hatte. Heute sind vielleicht Manche Naturforscher,
die sonst Dichter oder Philosophen geworden wären,
hätten sie zur Zeit Bürger's, Uhland's oder Schelling's
gelebt. Auch zum Naturforscher gehören bestimmt
gerichtete Geistesanlagen, gehört Talent, wenn auch das
Specifische daran nicht so in die Augen springt; ja man
kann noch weiter gehen und sagen, dass zum Physiker, zum Chemiker eine andere Combination der Ge-
hirnanlagen gehört, als zum Botaniker und Zoolo-
gen. Dennoch werden weder Physiker noch Botaniker
geboren, und es hängt in den meisten Fällen vom Zufall
ab, ob ihre Begabung gerade nach dieser Richtung zur
Entwicklung kommt.

Lessing hat gefragt, ob Raphael, wenn er ohne
Hände geboren wäre, minder ein grosser Maler gewesen
wäre; man könnte aber ganz wohl auch fragen, ob er
nicht vielleicht ebensowohl ein grosser Musiker geworden

wäre, hätte er statt zur Zeit des geschichtlichen Höhe-
punkts der Malerei in einer Zeit hochentwickelter Musik
und unter günstigen persönlichen Umständen dafür gelebt. Ein grosser Künstler ist immer auch ein grosser
Mensch, und wenn ein Solcher für seine Begabung nach
der e i n e n Seite äusserliche Hemmung findet, so bricht
sie sich nach der andern freie Bahn.

Mit allem Diesem will ich nur sagen, dass mir die
Talente nicht auf der Steigerung einer bestimmten Ge-
hirnqualität d u r c h U e b u n g zu beruhen scheinen, sondern dass sie der Ausfluss, gewissermassen das Neben-
produkt des im Allgemeinen hochentwickelten menschlichen Geistes sind.

Wenn aber Jemand fragen sollte, ob denn diese im
Laufe unzähliger Menschen-Generationen erlangte h o h e
g e i s t i g e E n t w i c k l u n g nicht ihrerseits auf den vererbten Wirkungen der Uebung beruhe, so muss ich daran
erinnern, dass die menschliche Intelligenz im Allgemeinen
das Hauptmittel, die H a u p t w a f f e ist, deren sich der
Mensch im Kampf ums Dasein bedient hat und noch
bedient*). Auch in unserm jetzigen, durch vielfache
künstliche Eingriffe verschrobenen und unnatürlichen Zustand der civilisirten menschlichen Gesellschaft, gibt doch
noch immer der Grad von Intelligenz des Einzelnen vor
Allem den Ausschlag über Untergang oder Fortdauer,
und im Naturzustand oder besser in niederen Culturzu-
ständen ist dies in noch viel höherem Grade der Fall.

---

*) Vergl. Ch. D a r w i n „die Abstammung des Men-
schen" etc., übersetzt von V. Ca r u s, 3. Auflage, Stuttgart
1875, p. 165 u. f.

Hier stehen wir also wieder vor den Wirkungen der Naturzüchtung, oder müssen ihr doch jedenfalls einen grossen Theil der betreffenden Erscheinung zuschreiben, und können nicht nachweisen, dass ausser ihr auch noch Vererbung durch Uebung erworbener Fähigkeiten dabei im Spiel ist.

Ich wüsste überhaupt nur einen Kreis von Veränderungen der Organismen, bei welchem die Erklärung durch blosse Keimesänderung auf ernstliche Schwierigkeiten stösst, und dies sind die Abänderungen, welche als directe Folge von veränderten äusseren Bedingungen auftreten. Allein gerade über sie ist auch das letzte Wort noch lange nicht gesprochen, wir kennen den Thatbestand noch keineswegs genau genug, um über die Ursachen derartiger Abänderung ein sicheres Urtheil zu haben und aus diesem Grunde will ich auch hier nicht näher darauf eingehen.

Man hat stets unter der Voraussetzung beobachtet, dass solche z. B. durch fremdes Klima erzeugten Abänderungen sich durch Vererbung von einer Generation auf die andere übertragen und häufen, und hat desshalb nicht immer scharf genug beobachtet. Auch wird nicht leicht zu sagen sein, ob das veränderte Klima nicht zunächst die Keimzelle verändert, und in diesem Falle würde eine Cumulirung des Effektes durch Vererbung auf keine Schwierigkeit stossen. Dass z. B. reichlichere Ernährung eine Pflanze nicht nur üppiger wachsen macht, sondern sie auch in bestimmter Weise verändert, ist bekannt, und es würde wunderbar sein, wenn nicht auch die Samen derselben grösser und mit reichlicherer Nahrung versehen sein sollten. Wiederholte sich diese Art der Ernährung, so wäre eine weitere Steigerung in der Grösse der Samen und der Ueppigkeit und der aus dieser resultirenden Abänderung der Pflanze, wenn nicht nothwendig, so doch denkbar. Dies würde aber keineswegs eine erbliche Uebertragung erworbener Charaktere sein, sondern nur die Folgen einer directen Beeinflussung der Keimzellen und besserer Ernährung während des Wachsthums*).

Eine ähnliche Auslegung lässt sich im umgekehrten Fall anwenden. Werden gewöhnliche P f e r d e auf die F a l k l a n d s i n s e l n gebracht, so nehmen sie schon in der ersten dort geborenen Generation durch die schlechte Nahrung und das feuchte Klima an Grösse erheblich ab und „nach einigen Generationen sind sie ganz schlecht." Man braucht hier nur anzunehmen, dass das für Pferde ungeeignete Klima und die schlechte Nahrung nicht blos die g a n z e n Thiere, sondern auch ihre K e i m z e l l e n

---

*) Es wäre theoretisch sogar denkbar, dass solche Keimzellen nicht g l e i c h m ä s s i g, in allen ihren Molekülen von einer Veränderung der äusseren Bedingungen betroffen würden, vielmehr nur p a r t i e l l, in gewissen Molekülgruppen. Daraus würden dann Abänderungen nur gewisser Theile des fertigen Organismus resultiren, aber diese brauchten nicht nothwendig die gleichen zu sein, welche etwa in der wachsenden Pflanze durch dieselben äussern Einflüsse veranlasst würden und selbst, wenn dies der Fall wäre, läge immer noch keine V e r e r b u n g erworbener Eigenschaften vor.

4

trifft: Auch hier handelt es sich nur um eine andere, nämlich geringere Ausstattung der Keimzellen, zu der dann noch die mangelhafte Ernährung während des Wachsthums kommt, nicht aber um Uebertragung von bestimmten Eigenschaften durch die Keimzellen, welche erst am ausgebildeten Pferd in Folge des Klima's aufgetreten wären.

Immerhin wird man zugeben müssen, dass es Fälle gibt, so die klimatischen Varietäten der Schmetterlinge, die sich für jetzt nur gewaltsam einer derartigen Erklärung fügen, und ich selbst habe vor Jahren einen solchen Fall experimentell näher geprüft*), den ich auch heute nach den bis jetzt vorliegenden Thatsachen noch nicht anders zu erklären wüsste, als ich es damals gethan habe, nämlich durch Vererbung passiv d. h. durch direkte Wirkung des Klima's erworbener Abänderungen. Allein es ist dabei zu bedenken, dass meine Versuche, wenn sie auch später von H. W. Edwards an andern (amerikanischen) Arten wiederholt und ihre Resultate in allen Hauptsachen bestätigt wurden, doch durchaus nicht im Hinblick auf die hier betonten Gesichtspunkte angestellt waren. Neue und in anderer Weise variirte Versuche werden nöthig sein, um auch nach dieser Seite hin sicheren Aufschluss zu geben, und ich habe bereits solche in Angriff genommen.

Sieht man für den Augenblick von diesen zweifelhaften, weiterer Untersuchung harrenden Fällen ab, so

---

*) „Studien zur Descendenztheorie, I. Ueber den Saison-Dimorphismus der Schmetterlinge." Leipzig 1875.

wird man doch sagen dürfen, dass die Annahme, es theilten sich die Veränderungen, welche auf äussere Veranlassung hin an dem fertigen Organismus auftreten, seinen Keimzellen im Sinne der Darwin'schen Pangenesis mit, zur Erklärung der Erscheinungen durchaus entbehrlich ist. Damit ist freilich noch nicht gesagt, dass nicht dennoch eine solche Uebertragung gelegentlich mitspielt, denn wenn auch der **grössere** Theil der Wirkung auf Rechnung der Naturzüchtung zu setzen ist, so könnte ja immerhin doch ein kleinerer Theil in gewissen Fällen auf dem auszuschliessenden Faktor beruhen.

Ein vollkommen befriedigender auf alle Fälle sich erstreckender Gegenbeweis lässt sich zur Stunde nicht führen, man kann nur darauf hinweisen, dass eine solche Annahme neue, gänzlich dunkle Kräfte einführen würde, und dass es **unzählige Fälle gibt, in denen jede Uebung und jede Mitwirkung der Vererbung erworbener Eigenschaften ausgeschlossen werden kann.** Wir haben für die meisten Abänderungen der **Farbe** keine andere Erklärung, als die der Auslese des Passendsten*), und bei allen **Form**veränderungen, welche nicht vom Willen des Thieres beeinflusst werden können, verhält es sich ebenso; die zahllosen Anpassungen z. B. an den **Eiern** der Thiere, ihrer Skulptur, ihren Stielen, um sie vor Feinden zu sichern, ihren Schutzhüllen von complicirter Structur, um sie vor Austrocknung oder heftiger Wirkung der Kälte zu schützen,

---

*) Wenn man hierunter auch die Färbungen begreift, welche durch geschlechtliche Züchtung hervorgerufen sind.

müssen alle völlig unabhängig von jeder Willensäusserung
des Thieres, von jeder bewussten oder unbewussten Action
desselben entstanden sein; von den gänzlich willenlosen
Pflanzen will ich gar nicht reden, weil sie meiner spe-
ciellen Kenntniss ferner liegen. In den betreffenden Fällen
kann auch nicht davon die Rede sein, dass die Anpassungen etwa auf dem Kampfe der Theile des Organismus (Roux) beruhten, dass eine Auslese z. B. stattfände
zwischen den Epithelzellen, welche die Eischale eines
Kiemenfusses (Apus) bilden, denn für das eibildende
Individuum ist es ganz gleichgültig, ob es bessere oder
schlechtere Eischalen liefert, erst unter seinen Nachkommen findet die Auswahl statt, und die Keime, deren
Eischalen ungenügend befunden werden, der Kälte oder
der Trockniss zu widerstehen, gehen zu Grunde.

In allen solchen Fällen haben wir keine andere
Auskunft als die der Selection und wir müssen
auf eine natürliche Erklärung einfach verzichten, wenn
wir diese nicht acceptiren wollen. Es liegt nun aber
auch, wie mir scheint, kein Grund vor, sie für ungenügend zu halten. Man hat freilich auch in neuester
Zeit wieder behauptet, es sei undenkbar, dass alle die
wunderbaren Anpassungen der Organismen an die Aussen-
welt auf Auslese der Individuen beruhten, da dazu eine
unendliche Zahl von Individuen und unendliche Zeit-
räume gehörten und hat besonders dabei betont, dass
die gewünschten nützlichen Abänderungen doch immer
nur selten und vereinzelt unter einer sehr grossen Anzahl von Individuen vorkommen könnten.

Besonders der letzte Einwand hat nach den bis-

herigen Vorstellungen von Naturzüchtung den Schein
einer gewissen Berechtigung, denn in der That werden
sich nützliche Abweichungen von bedeutenderem Be-
trag nur selten darbieten und in vielen Generationen gar
nicht. Wenn man sich die Umwandlungen desshalb in
grösseren Schritten und durch Variationen von quali-
tativer Natur geschehend denkt, so wird man über
dieses Hinderniss nicht wegkommen. Ich glaube aber,
dass man von den Variationen grösseren Betrages, wie
sie bei domesticirten Thieren und Pflanzen nicht selten
vorkommen, bei den Processen der Artumwandlung, wie
sie in der freien Natur vor sich gehen, vollständig abzusehen hat, dass hier überhaupt nicht qualita-
tive, sondern nur quantitative Unterschiede
der Individuen das Material der Naturzüchtung bilden, solche aber sind immer vorhanden!

Ein einfaches Beispiel wird dies am besten veran-
schaulichen: Gesetzt es käme bei einer Art, — denken
wir etwa an die Vorfahren der Giraffe — darauf an,
einen Theil des Körpers zu verlängern, z. B. den Hals,
so würde dies in relativ kurzer Zeit erreicht werden
können, denn die Individuen besitzen von vornherein verschiedene Halslängen und die Variationen, deren die Naturzüchtung bedarf, sind somit gegeben. Nun variiren
aber alle Organe einer jeden Art in der Grösse,
und ein jedes von ihnen muss somit, sobald dies von
ausschlaggebender Nützlichkeit wird, dauernd und pro-
gressiv vergrössert werden können. Aber nicht nur die
Organe als Ganzes, sondern auch ihre einzelnen Theile

schwanken in Grösse und Zahl und müssen somit —
unter gegebenen Verhältnissen — durch Auslese vergrössert oder verkleinert, vermehrt oder vermindert werden können. Die qualitativen Unterschiede aber
beruhen, wie mir scheint — immer nur auf
verschiedener Grösse oder Zahl der einzelnen
Theile eines Ganzen. Eine Hautfläche erscheint uns
nackt, welche in Wahrheit mit einer Menge feiner kleiner
Härchen besetzt ist, vergrössern sich die Haare und vermehrt sich ihre Zahl bis zu dichter Besetzung, so nennen
wir die Haut dicht behaart. So erscheint uns die Haut
mancher Würmer und Krustenthiere farblos, in deren
Hautzellen wir doch mit dem Mikroskop eine Menge
prachtvoller Farbtheilchen erkennen, aber erst, wenn
deren Menge noch bedeutend zugenommen hat, erscheint
uns auch mit blossem Auge die Fläche gefärbt. Die
Qualität der Farblosigkeit oder Gefärbtheit
hängt also hier von der Quantität kleinster Theilchen
ab und von der Entfernung, aus welcher die betreffende
Fläche gesehen wird. Aber auch das erste Auftreten
eines Farbstoffs oder die Umwandlung des grünen in
den gelben oder rothen Farbstoff beruht nur auf kleinen
Aenderungen in der Lage oder der Zahl der Sauerstoff-
Atome, welche in die betreffende chemische Verbindung
eintreten; Schwankungen aber in der chemischen Zusammensetzung der Moleküle z. B. eines einzelligen We-
sens müssen fortwährend ebensogut vorkommen, wie
Schwankungen in der Zahl der Pigmentkörner einer bestimmten Zelle, oder in der Zahl der Pigmentzellen einer

bestimmten Körpergegend, oder in der Grösse dieses Körpertheils selbst.

Da nun diese Zahlen bei jeder Art individuellen Schwankungen ausgesetzt sind, so kann Naturzüchtung sich dieses schwankenden Materials bemächtigen und es nach einer gewissen Seite hin weiter entwickeln.

Von diesem Gesichtspunkt aus finde ich es weniger staunenswerth und unbegreiflich, wenn wir sehen, dass die Organismen sich in allen ihren Theilen scheinbar jeder beliebigen Existenzbedingung anpassen können, dass sie uns wie eine plastische Masse erscheinen, die im Laufe der Zeiten in fast jede beliebige Form geknetet werden kann.

Fragen wir nun aber, wo die Ursache dieser Variabilität liegt, so kann es nicht zweifelhaft sein, dass sie schon in den Keimzellen gegeben ist. Von dem Momente, in welchem die Vorbereitungen zur ersten Furchung der Eizelle beginnen, ist bereits darüber entschieden, was für ein Organismus aus ihr werden wird, ob ein grosser oder ein kleiner, ob ein dem Vater oder der Mutter mehr ähnlicher, ja bis in sehr geringfügige Einzelheiten hinein ist darüber entschieden, welche Theile dem Einen, welche der Andern nachfolgen werden. Zweifellos bleibt nichtsdestoweniger noch ein gewisser Spielraum für den Einfluss der äussern Lebensbedingungen, welche den heranwachsenden Organismus treffen, aber derselbe ist beschränkt und bewegt sich in kleinen Amplituden um einen mittleren festen Punkt, der eben durch die Vererbung gegeben ist. Reichliche Ernährung kann den Körper stark und voll machen, aber sie macht nie-

mals einen Riesen aus einem Keim, der zum Zwerg bestimmt war; ungesunde hockende und darbende Lebens-
weise kann den Fabrik-Menschen blass und kümmerlich
machen, flottes Leben, Körperübung und die frische See-
luft den Seemann kraftvoll und von blühender Gesichts-
farbe, aber die Aehnlichkeit mit dem Vater oder der
Mutter oder mit Beiden, wie sie einmal im Keim angelegt war, wird sich niemals verwischen, mag die Lebens-
weise sein, welche sie will.

Wenn nun in der Keimzelle die wesentliche Bestim-
mung über den später daraus erwachsenden Organismus
liegt, so werden wir auch die individuellen Verschieden-
heiten qnantitativer Natur, von denen ich soeben sprach,
der Hauptsache nach als schon im Keim angelegt und
begründet ansehen dürfen, ganz abgesehen davon, wie
wir uns das im Näheren vorstellen wollen. Dann ope-
rirt also die Naturzüchtung nur scheinbar
mit den Qualitäten des fertigen Organismus
in Wahrheit aber mit den in der Keimzelle
verborgenen Anlagen dieser Eigenschaften.
Wie die Ausführung einer Keimesanlage, also irgend
ein Charakter des fertigen Organismus in einer gewissen
Amplitude um einen mittleren Punkt herum pendelt, so
auch die Keimesanlage selbst, und darauf beruht
die Möglichkeit einer Steigerung der betreffenden Keimesanlage und somit auch des mittleren Ausführungsgrades
derselben.

Wenn man nun, wie ich es zu thun versucht habe,
alle dauernden von Generation zu Generation übertragbaren Abänderungen auf quantitative Variationen

des Keimes zurückführt, so erhebt sich die Frage, woher denn diese Keimesvariationen selbst stammen. Ich will nun darauf nicht speciell eingehen, zumal ich mich früher schon einmal über diesen Punkt ausgesprochen habe*), ich glaube, dass sie in letzter Instanz auf die verschiedenartigen äussern Einflüsse zurückzuführen sind, welche den Keim vor dem Beginn der Embryonalentwicklung treffen können, und damit ist, wie mir scheint, auch dem fertigen Organismus der ihm gebührende Einfluss auf die phyletische Entwicklung seiner Descendentenreihen eingeräumt, denn die Keimzellen sind in ihm gelegen und die äussern Einflüsse, von welchen sie betroffen werden können, sind wesentlich durch Zustände des Organismus bedingt, welcher sie birgt. Ist er gut ernährt, so werden es auch die Keimzellen sein, und umgekehrt ist er schwach oder krankhaft, so werden auch die Keimzellen nur kümmerlich heranwachsen können, und es ist — wie oben schon dargelegt wurde — auch denkbar, dass diese Einflüsse noch specialisirter, d. h. nur auf einzelne Theile der Keimzellen einwirken. Dies ist aber ganz etwas Anderes, als wenn man sich glaublich machen soll, der Organismus vermöge Veränderungen, welche durch äussere Anstösse an ihm geschehen, derart auf die Keimzellen zu übertragen, dass sie in dem kommenden Geschlecht wiederum zu derselben Zeit und an derselben Stelle des Organismus sich entwickeln, wie es bei

---

*) Vergl. „Studien zur Descendenztheorie, IV, über die mechanische Auffassung der Natur" p. 303 u. f.

dem älterlichen Organismus geschah. Für die Vererbung
sämmtlicher ererbter Eigenschaften des Organismus haben
wir eine einleuchtende Vermittlung durch die Continuität des Protoplasma's der Keimzellen; wenn
vom Beginn des Lebens an das Keimzellen-Protoplasma
in steter Continuität geblieben ist, wie wir annahmen,
wenn stets Keimprotoplasma und Körperprotoplasma ge-
sonderte Conti geführt haben und Veränderungen des
zweiten Conto, desjenigen des Körperprotoplasma immer
nur dann erfolgten, wenn ihnen ein entsprechender Posten
auf dem Conto des Keimprotoplasma's vorhergegangen
war, so können wir die Thatsache der Vererbung bis zu
einem gewissen Punkt, nämlich im Princip, begreifen,
wir können wenigstens ihre Begreiflichkeit als erwiesen
betrachten, denn jetzt führen wir wirklich die Vererbung
auf Wachsthum zurück, wir betrachten jetzt mit
gutem Grund die Fortpflanzung als ein Wachsthum
über das Mass des Individuums hinaus und
unterscheiden die Succession der Arten von der Succession der Individuen nur dadurch, dass bei Letzteren das
Keimprotoplasma sich gleich bleibt, während es sich bei
der Umwandlung der Arten ändert und so auch den
Individuen, welche im einzelnen Fall aus ihm hervor-
wachsen, immer neue und complicirtere Gestalten ver-
leiht, vom einfachen, einzelligen Wurzelfüsser bis zum
höchsten aller Organismen, dem Menschen hinauf.

Ich habe die Frage, um die es sich hier handelte,
nicht allseitig beleuchten können, es bleiben noch wesentliche Punkte übrig, die ich bei Seite lassen musste;
noch viel weniger war ich im Stande, die Einzelfragen,

welche sich bei diesem Thema auf Schritt und Tritt aufdrängen, etwa alle schon jetzt mit Sicherheit zu beantworten, es schien mir aber von Werth, die schwerwiegende und tiefgreifende Hauptfrage selbst einmal zu stellen und scharf und bestimmt zu formuliren, denn nur so kann sie auch eine feste und bestimmte Lösung finden. Man muss sich darüber klar sein, dass ein Verständniss der Vererbungserscheinungen nur auf der angedeuteten Grundlage der Continuität des Keimprotoplasma's überhaupt möglich ist, und nicht nur das auf diesem Felde leicht etwas zweifelhafte Experiment, sondern vorwiegend die richtige Zusammenfassung und Ordnung der feststehenden Thatsachen wird darüber zu entscheiden im Stande sein, ob und in wie weit diese Continuität des Keimprotoplasma's vereinbar ist mit der Annahme einer Uebertragung erworbener Eigenschaften des Körpers auf den Keim. Eine solche Uebertragung ist bis jetzt weder thatsächlich erwiesen, noch ist auch nur ihre Annahme als eine nothwendige unwiderleglich dargethan.